ブックレット・ボーダーズ

No. 2

「見えない壁」に阻まれて

――根室と与那国でボーダーを考える

舛田佳弘／ファベネック・ヤン　著

特定非営利活動法人　国境地域研究センター

ブックレット発刊によせて

二〇一四年四月、総合的なボーダースタディーズ（境界・国境研究）の振興を目的とした民間の研究所として特定非営利活動法人・国境地域研究センター（ＪＣＢＳ：Japan Center for Borderlands Studies）が誕生しました。世界では、北米を本拠とする境界地域研究学会（Association for Borderlands Studies）、移行期の境界地域ネットワーク（Border Regions in Transition）などの活動が知られてきましたが、我が国には北海道大学グローバルＣＯＥプログラム「境界研究の拠点形成」が始動するまでボーダースタディーズのコミュニティは存在しませんでした。これは海に囲まれた島国・日本に暮らす私たちが境界・国境の問題に長年、無自覚であり、いわば内向きの歴史を積み重ねてきたこととも無縁ではありません。

近年、国際情勢の変動のもと、私たちの意識も大きく変わりつつあります。二〇一一年一一月には、境界・国境地域の実務者と研究機関を結ぶ境界地域研究ネットワークＪＡＰＡＮ（ＪＩＢＳＮ：Japan International Border Studies Network）が設立、また二〇一三年四月、北海道大学スラブ研究センター（当時）に境界研究ユニット（ＵＢＲＪ：Eurasia Border Research Unit, Japan）が設置されるなど、大学・自治体間の連携が強まっています。我が国の将来を見据えたときに、境界・国境問題に対する世界的な研究・実務の経験を学ぶこと、これら知見をもとに私たち自身の境界問題を考えること、さらには境界地域に暮らす人々の目線で地域の発展を模索すること、これらすべてが喫緊の課題になっていると思われます。境界をめぐる様々な問題に関する視座と知識の涵養のため、国境地域研究センターはブックレット・ボーダーズをここに刊行することにしました。本ブックレットがひとりでも多くのみなさんに境界地域のあるがままの姿やその未来への可能性をお届けできる一助になれば私たちの喜びとなります。

国境地域研究センター・ブックレット編集委員会

目次

はじめに
―日本の境界地域と向き合う

「見えない壁」。これは北海道根室《ねむろ》市で水産加工会社を営む小林邦弘さんが使い出した言葉だ。ほんの目の前に「日本の領土」であるはずの島々が見える。だが、そこへ自由に行くことはできない。ペレストロイカでソ連が変わろうとしていた時期、ゴルバチョフ大統領来日を前に、小林さんたちは根室海峡を挟んで対岸の北方領土・国後島《くなしりとう》に暮らすロシア人に向かってこう呼びかけた。「船を仕立てて『見えない壁』の両側から釣糸をたらそう」と。この「日ソ釣り交流」の試みは、一九九一年四月一七日、ソ連国境警備隊の警備艇三隻と根室海上保安部の巡視船一隻に監視されながらも成功した。

「これらの島々を争いの象徴から創造の島へと前進させるよう共に努力していこうではありませんか。交流がわれわれの前に立ちはだかる諸問題を解く鍵となると信じています」。そう書かれた共同声明に調印した。「壁」に小さい穴が開いた瞬間であった。あれから、二四年が過ぎようとしている。だが、領土問題という名の下、「壁」はいまだにこの海に立ちはだかっている。

地元の漁業者たちはそこに魚がいる限り、「日本のもの」と言われる海に向かおうとする。だが、ロシアはそれを力で許さない。秋から冬にかけて晴れた日に納沙布岬《のさっぷみさき》に立つと、ロシアが例外的に根室の零細漁民に開放している貝殻島《かいがらじま》コンブ漁で有名な歯舞群島《はぼまいぐんとう》の貝殻島灯台をはじめ水晶島《すいしょうとう》や萌茂尻島《もえもしりとう》もくっきりと見える。岬には「領土の返還」を願うさまざまな碑が立ち並ぶ。かつて北方四島はおろか、遠くカムチャツカ半島の手前の北千島《きたちしま》・占守島《しゅむしゅとう》までつながっていた日本の島々。当時の根室は行き止まりではなく、北へと向かう中継点であった。

ゴルバチョフ時代、パスポートを使わずに北方領土と本土とを往来できる仕組みがつくられ、今も継続されている。だが、参加資格は元島民や返還運動関係者などに限られ、しかも修学旅行的な団体行動を強いられる。一般の人々が自由に北方四島に行くことはできない。ロシアのビザをとってパスポートを持ってサハリン経由で島に入ることは物理的に可能だが、日本の閣議了解で自粛を強いられている。

納沙布岬（手前）と水晶島

このように、戦後七〇年にわたって、事実上日本の「国境」に追いやられた北の境界地域の実像を浮き彫りにしたい。本書が生まれた第一の理由である。

「見えない壁」があるのは、根室だけでは

ない。領土問題がなくても、すぐ隣の地域に行けないのであれば、これもまた「壁」である。沖縄県与那国島《よなぐにじま》は、現在の日本の最西端にあり、台湾までは一一一キロ。石垣島《いしがきじま》からも一一八キロであるから、ほぼ中間にあたる。だが、島の暮らしは台湾とのかかわりの中で営まれてきた。戦前の与那国は、沖縄よりはむしろ台湾との関係が深かった。島で資料館を営む池間苗さんはよくこう言う。「石垣まで船で一〇時間、乗る前から気分が悪い。台湾の基隆《きりゅう》までは一三時間、酔わなかったね、夢があって」「ファッションなんかも台湾経由で入ってくるから、那覇より日本が近いと自慢していたさ」。「与那国いいねって」。

ここが日本の最西端

戦後の一時期、いわゆる「密貿易」で島は大いに潤っていた。「鶏がお米を食べないくらい豊かだった」。外間守吉《ほかましゅきち》町長はそう振り返る。だが、米軍統治が本格化し、「密貿易」が取り締まられるようになる。さらに沖縄が本土復帰し、日本が台湾と断交したことで、与那国は台湾から縁遠くなっていく。

一九八〇年代になって徐々に地域交流が復活し、石垣―台湾間にチャーター便が飛ぶなど、国境を越えた地域全体の結びつきは回復してきた。与那国町でも台湾の花蓮《かれん》市と姉妹都市提携を結ぶなどの往来が始まる。だが、与那国と台湾を結ぶ定期航路はない。外航船の認可基準は厳しく、装備が足りないからだ。さらに与那国には出入国、税関、検疫などの機関が常駐していない。

根室との違いを言えば、その気にさえなれば往来を阻む障害がそれほど多くはないということだろう。例えば、チャーター便を仕立てれば、直行便で島と台湾とを結ぶことはできる。「境界地域研究ネットワークJAPAN（JIBSN、後述）」も二〇一一年五月、与那国空港から花蓮空港へチャーター便を飛ばした。もちろん実現には手間と資金がいる。その上、乗る人も運ぶものもほとんど見込めない現状では、こうした風景が日常的になることはない。

一般に離島はそれぞれに独自の空間文化を生み出すものだが、国境に位置することで、与那国島は独特の暮らしと雰囲気に満ちている。国境の島に関心をもってやって来る観光客も少なくない。しかしながら、与那国の日常生活の実態が外部の人間に知られることはまずない。これが本書を編んだ第二の理由である。

本書のきっかけは、北海道大学グローバルCOEプログラム「境界研究の拠点形成」（二〇〇九年度採択：拠点リーダー 岩下明裕）の中で生まれたものである。そもそもこのプログラムは、後期博士課程の大学院生及びポスドク（博士研究員、ポストドクターの略）

のキャリアパスづくりを目的の一つとしていたが、人文社会系の研究者のキャリアパスづくりというのは、その受け皿が限られている。

他方で、同プログラムが掲げているボーダースタディーズ（境界研究）という学問領域は、国境問題の解決やその管理について研究するだけではなく、越境にかかわる事象や国境地域そのものも研究の対象としている。つまり、机上の研究だけでなく、フィールドワークを通じた実務との連携や政策提言など社会への関与が強く求められている。

グローバルCOEプログラムは、計画の当初から日本の境界自治体（根室市、稚内市《わっかないし》、小笠原村《おがさわらむら》、隠岐の島町《おきのしまちょう》、対馬市《つしまし》、五島市《ごとうし》、竹富町《たけとみちょう》、与那国町）が大学の研究機関などとともに参加するネットワークづくりを手掛け、二〇一一年一一月にはJIBSNの設立にこぎつけた。

ボーダースタディーズに関わる若手研究者を現地に派遣して直面する課題に立ち向かってもらう。同時に、資料だけでは学ぶことのできない現場の経験や現地での聞き取り調査を通じて大学に戻り、旧来のスケールとは異なる研究展開を期待する。

このような思いから、JIBSNの前身であった「国境フォーラム」の牽引車であった根室市と与那国町に大学院生とポスドクの受け入れを打診した。単なる調査ではなく、役所で実際に勤務をする。日本最西端の島・与那国、北方領土問題を抱える根室、それぞれに「よそ者」が暮らし、現地で働くのは容易ではない。

研究者としての資質もさることながら、人選には慎重を重ねた。公募はしたものの、ボーダーの最前線で仕事をしたいと自ら手を上げてくれる若手研究者は、ほとんどいなかった。その中で、積極的な関心を示してくれたのが、舛田佳弘さんとファベネック・ヤンさんであった。

大学の研究者を役所で受け入れてもらう。そう言ってしまうと、一言で済んでしまうが、行政上の手続きはチャレンジの連続であった。さまざまなハードルをクリアして、二人の若手研究者を快く迎え入れて下さった根室市と与那国町に改めてお礼申し上げたい。

幸いなことに、初年度(二〇一三年度)の派遣は好評であった。「また派遣してほしい」と両自治体から依頼されるとは想定していなかった。二年続けて滞在すれば、より客観的に現地が見えるだろうし、貢献も大きいだろう。そう考えて、二年連続での派遣をアレンジした。本書は二人が現地で何を見、どんなことをやり、どう考えたのか。二人がとらえた現地の記録である。

本書を国境地域研究センターのブックレットとして刊行しようと考えたのは、「境界地域」（ここであえて「国境地域」という言葉を使わない理由は、本書の中で明らかにされる）のリアルな情報が東京や札幌などにほとんど伝わっていないからである。根室をみるとき、都会の人たちは根室こそが北方領土問題でもっとも強硬な立場をとっていると思いがちだが、実際は逆である。

率直にいえば、根室は政府が「四島返還」の方針を繰り返すだけで交渉を何も動かせない状況下で最も凍りついている地域である。根室の本音は、柔軟なアプローチでいいから、一日も早くロシアとの領土問題を解決し、国境地域として自由な往来や経済活動ができる日を心待ちにしている。

与那国島に対する理解も間違っている。中央のメディアの多くは、与那国の自衛隊誘致を巡り、島を二分する政争を「平和」と「安全保障」の問題ととらえがちだが、現地の人々の多くは台湾との経済交流と自衛隊の存在が相反する、と考えているわけではない。

ここまでこじれた理由は、端的に言えば、人間関係である。一〇〇〇人程度の有権者に自衛隊員が加われば、島の中での「政権交代」が不可能だ、反対派はこう考えている。自衛隊誘致派もまた（場合によっては反対派以上に）台湾との交流に熱心である。境界地域のもつ社会の重層性やその実態が少しでも読者に理解いただければ幸いである。

また本書の執筆者たちは、境界地域のまちそのものが発展して欲しいとも願っている。なかなか外には伝わらない、現地のまち歩きの情報も可能な限り盛り込んだ。読者の皆さんには、ぜひ本書とともに与那国と根室を歩いてほしい。そして道行く人や建物を見ながら、地域の歴史と将来の姿を想像してほしい。「端っこ」が豊かであれば、それは国自体が豊かである証拠だから。

（岩下明裕）

＊根室、与那国など境界・国境地域の声を集めたＤＶＤや書籍が数多くプロデュースされています。本書巻末の参考文献・資料及び関連機関のサイト一覧を御参考ください。なお本書の本文レイアウトやイラスト・地図などの作成はスラブ・ユーラシア研究センターの笹谷めぐみさんのお力添えによるものです。また本書の写真及び図版は執筆者により提供されたもの、もしくはスラブ・ユーラシア研究センターで作成したものです。

外間町長、小池・舛田の新旧嘱託員（左から）

根室の居酒屋で（中央がファベネック）

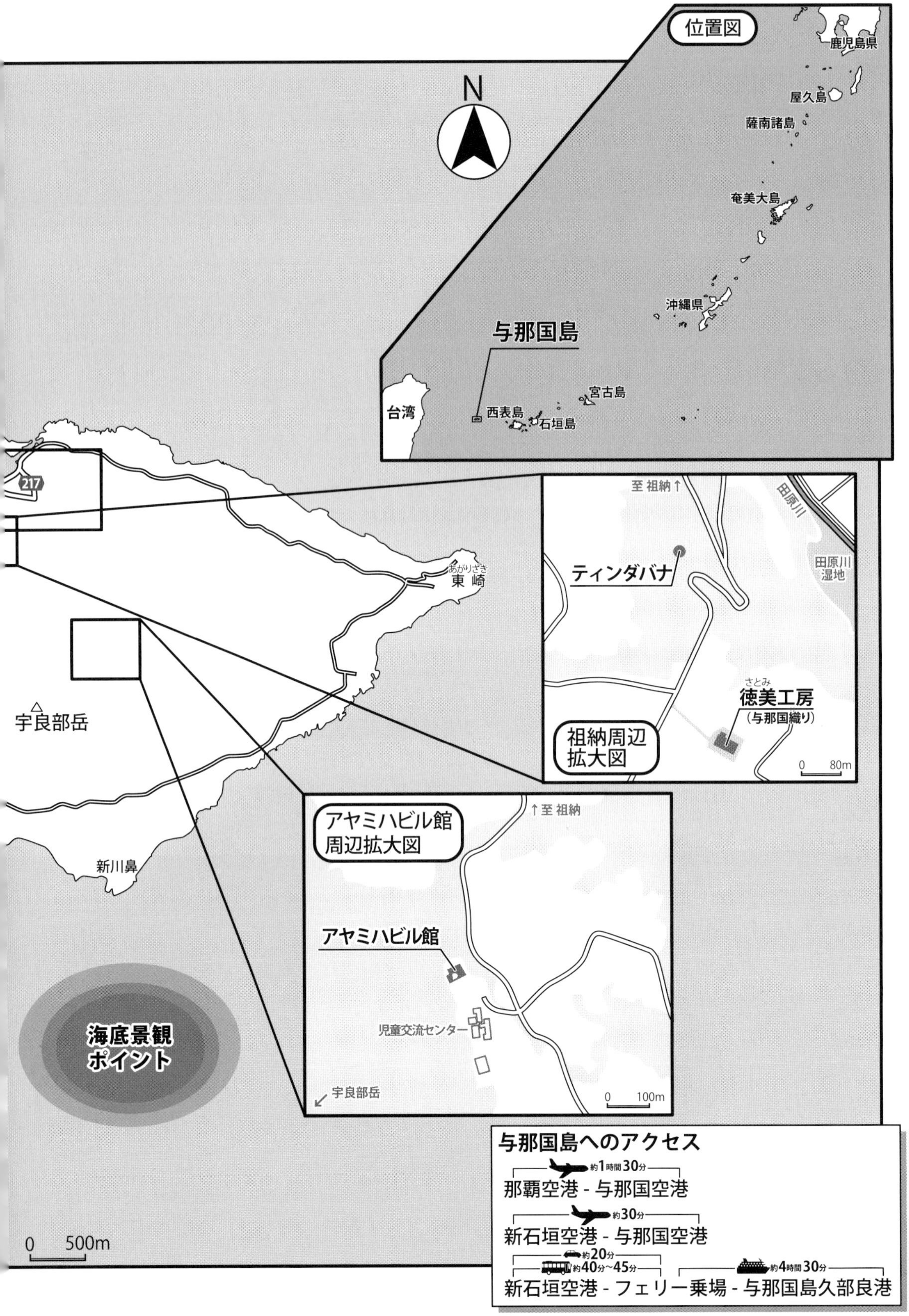
位置図
鹿児島県
屋久島
薩南諸島
奄美大島
沖縄県
与那国島
宮古島
台湾
西表島
石垣島
N
217
東崎《あがりざき》
宇良部岳
新川鼻
至 祖納↑
田原川
田原川湿地
ティンダバナ
徳美《さとみ》工房
(与那国織り)
祖納周辺拡大図
0 80m
アヤミハビル館周辺拡大図
↑至 祖納
アヤミハビル館
児童交流センター
宇良部岳
0 100m
海底景観ポイント
0 500m
与那国島へのアクセス
約1時間30分
那覇空港 - 与那国空港
約30分
新石垣空港 - 与那国空港
約20分
約40分~45分
約4時間30分
新石垣空港 - フェリー乗場 - 与那国島久部良港

祖納拡大図
民宿
さんぺい荘
ナンタ浜
居酒屋
なんた
県道217号
居酒屋
どぅ〜らい
ふくやまスーパー
福山海運
与那国町
イベント広場
（闘牛場）
ビアガーデン
国境（はて）
与那国町診療所
居酒屋
女酋長
県道216号
県道216号
与那国町役場
与那国中学校
お食事処 磯
ムサシ島唄ライブ
Bar
ウエストポイント
与那国小学校
スナック
来夢来人
どぅぐいわり
田原川
0 80m
与那国空港
216
「日本最西端之地」の碑
レーダー建設予定地
久部良岳
与那国島
216
216
与那国岳《どなん》
インビ岳
自衛隊駐屯地
建設予定地
南牧場
南牧場線
久部良拡大図
久部良中学校
久部良
小学校
カレー屋
ユキさんち
グラスボート発着場
半潜水海底観光船
ジャックスドルフィン号
久部良
簡易郵便局
県道216号
居酒屋
まるてぃ
久部良漁港
久部良港
フェリーターミナル
←至 西崎《いりざき》
日本最西端の碑
0 80m
わかなそば
光里食堂（休業中）
県道216号
「Dr.コトー診療所」
ロケ地
比川小学校
ひがわ幼稚園
離島振興
総合センター
与那国町漁協
クルマエビ養殖場
比川拡大図
0 80m

Ⅰ　閉ざされた「国境」のしま・与那国

不思議な点線

幼いころ、動物や昆虫の図鑑を見ることが楽しみだった。多様な生物がさまざまな地域に生息している分布図を眺めては見知らぬ土地に思いをはせていた。ある時、前夜のパニック映画で出たようなサソリが日本にいないものかと探した。暑い地域にいる印象だったが少なくとも九州までには見当たらない。ヤエヤマサソリ及びマダラサソリの「沖縄の宮古《みやこ》・八重山《やえやま》に分布」という記述を見つけ、さっそく地図で確認した（マダラサソリは小笠原諸島にも分布）。

サソリ以外にも八重山の生態系は台湾に似ているようで、共通する生物種が多数描かれており、子供心に一つの生物圏という感じでとらえていたと思う。しかし、実家の徳島からなんと離れた場所であることか、これでは到底行くことはないだろうと落胆すると同時に、妙な点線が気になった。八重山諸島の最西端である与那国島と台湾の間に引かれた点線。それが、私が初めて国境を認識したときではなかったか。今となっては記憶も定かではないが、その晩、親に「海の上に線が引いてあるのか」といった類の質問をして辟易《へきえき》させたことは想像に難くない。

それから三十年以上を経て、まさか自分が与那国島に滞在することになろうとは夢にも考えていなかった。

赴任に際し

外務省専門調査員（重慶《じゅうけい》）の任期を終え、北海道大学経済学研究科で研究員をしていた時、知り合いのスラブ研究センター（現スラブ・ユーラシア研究センター）研究員から「三カ月ほど与那国へ赴任ができる方を探しています。舛田さんはどなたか心当たりありませんか」と尋ねられたことで、幼少のころの関心が思い返され、「僕でどうですか」と答えた。後日、その研究員と飲んだ際に「初めから引き受けてくれると思ってカマかけてみたんですよね」と、本音が明らかにされたわけであるが……。

話を聞いたところ、与那国町では隣の台湾との交流に腐心しているが、言葉の壁などで苦労しており、中国語のできる人に手伝ってもらいたい、という要請も含まれていた。

もちろん嘱託専門員としての滞在であるので、同時に現地の調査・研究も行う。期間は二〇一三年の四月から六月までの三カ月間というものであった。与那国行きのインパクトが強かったためか、任期終了後にカナダのビクトリア大学でやはり三カ月ほど客員研究員となるという条件は、ほとんど耳に入っていなかった。

これは私にとって初の沖縄訪問でもあったため、形だけではあったが、赴任準備の傍ら与那国について事前情報を収集した。多くの日本人と同様に与那国についてほとんど何も知らなかったため、その作業は新鮮で楽しかった。

北緯二四度二八分、東経一二三度、日本の最西端に位置し、台湾までの最短距離は一一一キロ（蘇澳鎮《すおうちん》）、人口は約一五〇〇人、本来は村レベルとしても小さい数だが戦後のピーク時には一万二〇〇〇人以上いた。一九四七年一二月に町制が施行され、平成に入ってからも市町村合併を行わず一島一町を維持している。主要航路は石垣島との間の航空機及び船舶であり、空路は一日三便で約二五分、海路は週二便で約四時間半の道のりである。那覇からも一日一便空路があるが、早朝出発のため便利とは言いがたい。

経済学を専門とする私にとって、とりわけ興味深かったのが戦後の密貿易に関する歴史である。日本国内の物資不足と中台間の緊張の上に成り立っていたわずか五年あまりの期間に与那国は最盛期を迎えていた。その後、人口減少が進み、二〇一四年一二月時点では一四九七人まで減少している。主要産品はサトウキビとカジキ。戦前は鰹節の加工が盛んだったが、戦中の爆撃で工場も破壊された。

戦前から台湾は「最も近い都会」として交流も盛んであったが、戦後は途絶していた。しかし、一九八二年一〇月に台湾・花蓮市と姉妹都市になり、現在も交流が続いている。また、日本国内向けには「台湾の見える島」としても宣伝されている。おおむねこの程度の予備知識しか仕入れずに赴任したことで、後に幾多の驚きに出合うこととなった。

到着そして滞在

先述のとおり与那国に至るルートは限られている。特に、私がそれまで滞在していた北海道からだと一日で着くことすら難しい。三月終わりから四月初めは人の移動が多く、石垣島《いしがきじま》まで羽田経由の便を取ることができず、那覇《なは》経由で石垣島に前泊した。石垣島の気温は二五度、当時の北海道と比べると約二十度の差があり、着ていたコートが邪魔になった。

翌日、与那国空港へ到着したところ、受け入れを担当してもらった与那国町役場総務財政課の小嶺長典主任主査（現在は長寿福祉の担当課長）が出迎えてくれ、そのまま役場に向かった。ちょうど外間守吉町長が不在であったため、役場で各部署の簡単な紹介を受けた後、これからの職場となる交流推進班に案内された。総務財政課の一部門であるその部署で年配の前濵郁子女史（現在は退職）と若い稲蔵杉作主事補に挨拶した後、建物を出てさらに奥へと案内された。

明らかに年代ものの離れに「与那国町国境交流推進特命事務局」（以下「特命事務局」）と書かれた看板が掲げられており、中でいかにも癖のありそうな年配男性が書類の山と格闘していた。それから三カ月の間、同室となる長濵利典交流推進班長との出会いであった。班長は久部良《くぶら》集落の公民館長も兼務している。伝統行事は各地域の公民館ごとに行われるため、二足の草鞋は相当な激務であろうことが傍目にも見

役場の看板！特命係

て取れた。

その後、滞在拠点となる「お食事処 磯」の二階に荷物を運び込んだ。「磯」は役場と同じ島の北部の祖納《そない》集落に位置し、通勤は徒歩五分程度である。定食や八重山そばも出しているが、夜遅くまで営業しており、「飲んだ後のラーメン」を注文する客が多いため、地元の人たちは「ラーメン屋」と呼んでいる。

一息ついた後、周辺を散策し、祖納港とナンタ浜を見て、海の美しさに驚いた。後に地元の人たちから「ナンタ浜は島で一番汚い浜だよ」と聞いてさらに驚いたが。一五世紀ごろに宮古島から攻めて来た軍勢を撃退したと伝えられる伝説の女酋長「サンアイ・イソバ」、その記念碑がある岩山「ティンダハナ」からは祖納集落が一望に見渡せる。

「お食事処　磯」

役場のすぐ近くに「福山スーパー」があり、中をのぞいてみたところ、またも驚かされた。多くの商品が割高なのである。文房具や生活雑貨が全般的に一～二割高いのは、輸送コストを考えるとやむを得ない。また、詰め替え用インスタントコーヒー（一〇〇～一五〇グラム程度）が一〇〇〇円以上するのは需要が少ないためかと諦めたが、需要のありそうなキャベツが一玉六〇〇円（！）など保存にコストのかかる生鮮野菜の価格が特に高い。

与那国は温暖な気候による三期作も可能で、かつては沖縄でも有数の米どころであったが、人口減少にともない労働力不足となり、現在は休耕田も多い。近年の農業生産額においては畜産、サトウキビに次いでいるが、長命草（ボタンボウフウ）の商品化により米作の割合は減少傾向にある。

島で一番汚い（!?）ナンタ浜

米以外にも食品の多くを島外からの「輸入」に依存している現在、この物価高は島民にとって切実な悩みであろう。私のように一人暮らしとなると、自炊しても生活費を抑えることは難しく、自然と外食が増えることとなった。

飲食

幸い、祖納集落には比較的飲食店が多い。役場からナンタ浜方向へ歩けば数軒の居酒屋があり、昼にはランチを提供しているところもある。特に役場前のメインストリートに面した「女酋長」、「国境《はて》」、最近開業した「ナンタ」、少し

「国境」と書いて「はて」と読む

奥に入った「どぅーらい」、「どぅぐいわり」といった居酒屋は、他地域とほぼ同じ感覚で利用できる上に、島の特産である長命草やカジキ料理、ヤシガニ（予約制）、泡盛なども味わうことができる。また、夜は田原川《たばるがわ》周辺でカラオケスナックが数軒営業しており、島民や観光客の憩いの場となっている。

　祖納郵便局の近くに「コモ」という焼肉屋もある。有名ブランドである石垣牛のもととなる若牛は与那国などで飼育されたものだが、価格も高めなので島民も頻繁に利用するわけではない。たまの贅沢として人気の店である。

　この他、久部良のカレー屋「ユキさんち」や居酒屋「まるてぃ」、比川の「わかなそば」やボリューム満点の「光里食堂《ひかりしょくどう》」など各集落にそれぞれ人気の飲食店がある。特に飲み屋は平日休日を問わず常に客が入っており、観光客や出張者と地元住民との交流の場となっている。

　与那国における特徴の一つは飲み会の頻度であろう。一般的に離島においては娯楽が少ないとされ、その分飲み会の頻度は高いものとなる。与那国においても事情は変わらないが、島の行事や親族の法事が多く、それに加えて業務後の情報交換の場としても大きく機能している。

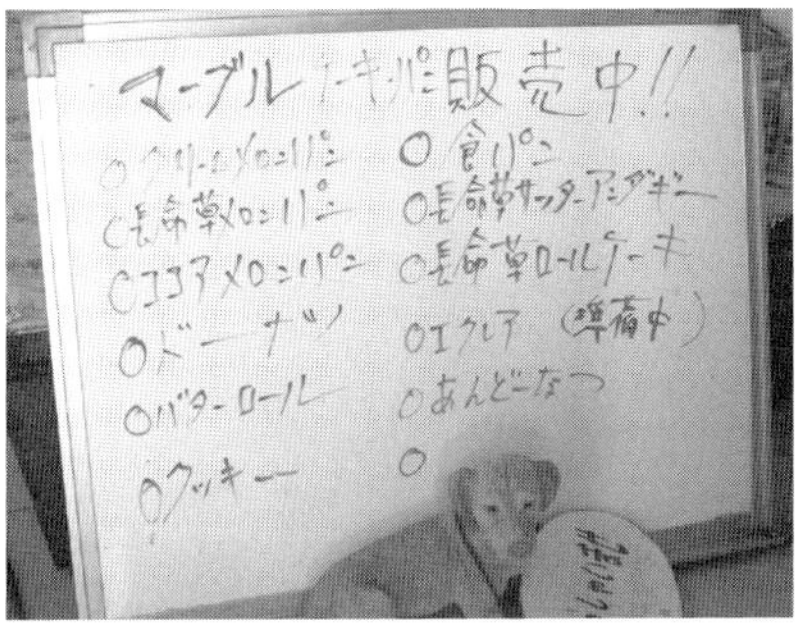

長命草を使ったお菓子もある

　稲蔵主事補の計らいで当家の法事に参加させていただいた折、親戚や近隣の人々が集まり、テントまで立てて盛大な法事が行われ、与那国において伝統行事がいかに深く根付いているかということも思い知らされた。ただ、島民の多くは親戚同士であり、法事も何十回忌と続けるため、ほぼ毎週、何らかの法事が入っている人も少なくない。婚姻などによって他地域から移住した人にとっては慣れるまで負担となっているようでもある。

　飲み会は役場職員の間でも週に三、四日は当たり前、場合によっては週五日以上ということも珍しくはない。当然、毎日外で飲むと経済的にも負担となるので、家にお邪魔させていただくことも多い。家庭では自家菜園で作った野菜や山で採ってきたオオタニワタリなどの山菜、釣ってきた魚を使って節約している様子もうかがえる。

　よくあるパターンとしては、家に招いていただき夕食とあわせて軽く飲み、それから二次会として居酒屋やスナックに行くことが多い。年配者は泡盛（地元の人は「しま」と呼称）を、若者はビール（主にオリオン）をそれぞれ好むが、終盤はちゃんぽんになることも多い。飲み会は遅ければ深夜二時、三時まで続き、それでも翌日の欠勤者がほとんどいないことも驚きである（スーパーではウコンが大量に販売されている。そこまでして飲むほどコミュニケーションの多くを担っているのかとある意味で感心させられる）。

台湾交流の歴史と島民の願い

さて、話を業務関係に戻そう。与那国町では三十年以上にわたり台湾・花蓮市と種々の交流活動を行っており、現在、その記録を展示する資料館を建設中である。私に期待された主な役割は、そこで展示するための資料を整理することであった。特命事務局には姉妹都市締結以来の資料が多数保管されていたが、締結文書が飲食代の領収書と一緒に綴じられているなど、確かに展示向きではなかった。さらに、久部良にある役場の倉庫にも相当な数の資料が保管されていた。長濵班長は個人的にも郷土史に関心が高かったため、古い資料が処分されていなかったことは幸いであった。

自他共に認める「変人」の班長ではあったが、彼なりに島の将来について腐心している様子がうかがえた。班長の父親は元与那国町議会議長の長濵一男氏（故人）である。その父に反発していた長濵班長は、あらゆる政治家に対して物申すというスタンスであり、良く言えば「反骨」、悪く言えば「偏屈」と島でも有名である。現在は与那国の女性史に関心を持ち、退職後は「語られなかった島の歴史」を調べたい、と話している。スピヴァク（インド出身の文学者）のフェミニズム論など学んだはずもなく、独自の視点でこうした構想を立てている点も周囲の島民には奇異に映るのかもしれない。

台湾交流の概略を述べたい。まず、与那国と台湾との交流は日本による台湾統治時代までほとんど記録に現れない。明治以前の与那国は文字のない社会であり、最も古い記録は朝鮮王朝記である『成宗実録』における、一四七七年朝鮮漂流民の記録とされる。ただし、安渓遊地・安渓貴子『ライブ・イン・ボーダースタディーズ』第11号（二〇一二）でも指摘されるように、口伝として残っているものもある。

ここでは姉妹都市締結を契機として、現在まで続いている交流を指す。一口に「交流」と言ってもさまざまである。姉妹都市になったからと言って、何をするかは特に決まっているわけでもない。そもそも与那国と台湾における戦前の関係からは、花蓮市とのつながりは希薄ですらある。戦前・戦中にかけて与那国の住民が多く訪れたのは基隆《きりゆう》や台北であり、直線距離でも宜蘭《ぎらん》県の蘇澳鎮などの方が近い。確かに花蓮市には戦中まで「琉球村」と呼ばれた沖縄からの移住者が暮らす集落があったが、これは台湾東海岸に広く点在していたため決め手とはならなかったであろう。

班長らの話では、当時は港の拡張工事のために大量のバラス（砂利）を必要としており、ちょうど花蓮市で扱っている業者がいたことが決め手になったというものであった。正式な文書で残っているわけではないが、確かに姉妹都市締結の翌月四月にバラス九〇〇トンを輸入し、その後も二〇〇六年ごろまで断続的にバラス輸入は続いたため、妥当な理由であろうと考えられる（その後、台湾でバラス輸出に関する制限が設けられたこともあり、近年はフィリピンなどから輸入している）。

年配の住民にとって当時の台湾は「近くの大都会」であり、台湾への渡航・滞在を経験した者も多い。当然、そこには親しみや懐かしさもあるが、姉妹都市締結の背景としてはやはり経済交流が念頭にあったと思われる。先述のとおり、物価の高さは離島苦の主たる原因であり、すぐ近くの台湾から安価な物資を入手したいと考えるのは至極当然のことであろう。さらには貿易が自由に行えるなら密貿易時代の繁栄を再び、といった期待も少なくなかったようである。

その後もトライアル交易として、肥料や家具などの輸入が何度か行われたが、日本との規格の違いなどから十分な需要には至らなかった。姉妹都市となった後、二〇〇〇年ごろまでは相互のホームステイや中国語教師の派遣など文化的交流も積極的に行われていたが、徐々に交流活動が減少していった（一九九九年に入国管理局与那国駐在官室が廃止、二〇〇一年ホームステイ中断、二〇〇二年中国語講座中断）。なお、この時期に台湾及び中国大陸との交流の懸け橋として、国境交流・観光サミットが開催された。吉川博也氏らが精力的に三地域間の調整を行い、国境にとらわれない自治体レベルでの中・台・与の交流が模索されたが、当時の中台関係の緊張から、期待された成果は上がらなかった。

低迷する交流活動の転機となったのが、二〇〇五年に打ち出された「与那国自立・自治宣言」である。そこで示された交流特区構想は市町村合併を行わず、台湾との交流に活路を見いだそうとするものであった。与那国における第二次台湾ムーブメントの契機であり、外間町長や大城肇・琉球大教授（現学長）らが台湾との新たな交流の形を見いだそうとする中で、防空識別圏問題が解消されるなど、予想外の成果もあった（沖縄返還以来、日本では与那国島上空を台湾の防空識別圏と認識していたが、台湾側では以前から与那国島上空を除外していたことがこのとき判明した。その後、日本側は防空識別圏を西にずらすことで対応したが、今度は台湾側から正式な連絡を受けていないとして遺憾の意が表明されている）。

二〇〇七年には一時中断されていたホームステイが再開され、与那国駐花蓮市事務所も開設された。台湾との交易促進が期待されたが、二〇〇八年に石垣と高雄や基隆を結んでいたフェリー会社（有村産業）が倒産したことで海運の見込みがなくなった。空路による輸送は可能であるが、コストがかかるため、台湾側にとっても貿易のメリットは小さいものとなっていった。

また、二〇〇五年及び翌年、与那国町は「国際交流特区構想」として、台湾を主とした外国貿易の規制緩和を目指して国に特区申請を行ったが、いずれも認められなかった。ＣＩＱ（入管・税関・検疫）機能を持たない与那国で自由貿易が認められる見込みはほとんどなかったが、物価高に苦しむ島民の切なる願いがそこには反映されていた。

と同時に、中央の視点が島民のものとまったく重なることなく、責任逃れや言い訳と取られても仕方のないような対応を少なからず含んでいたことも両者の溝の深さを表していた。詳細

与那国町役場

については下記論文をご参照いただきたい（舛田佳弘、二〇一三「与那国開港をめぐる中央と地方の視点」『境界研究』第四号、一〇七―一一五頁）。

経済交流への有効な打開策が見いだせないまま、ここ数年は島民の台湾交流に対する見方にも変化が生じているように感じられる。台湾との交流事業に資金を使うよりも他にやることがあるのではないかという意見がある一方で、文化的交流は続けて楽しくやればいいじゃないかという意見も多い。いずれにしても、現在行われている五年に一度の訪問だけでは姉妹都市としての長い関係を十分に生かせているとは実感できない。今こそ、新しい交流の形が求められているように感じられる。

Ⅱ　台湾への届かぬ夢

台湾交流と自衛隊問題

赴任前、与那国のように小さな町であれば政治的な意思決定も比較的容易なのではないかと安易に考えていたが、それも大きな間違いであることに気づいた。考えてみれば当然のことではあるが、小さい島であるからこそ些細な一つの決定でも住民生活の多くが影響を受ける。選挙ともなれば人間関係も大きく変化する。人口が少ないということは「一票の重み」に直結し、都市部で見られるような「政治に無関心な若者」といった構図は存在しない。

その代わりに、「政治に敏感すぎる」ということが弊害になっているのではないかと思う。例えば、「役場の○○が異動になった」「反町長派だからやられたんだ」といった類の噂話には事欠かない。部外者である私としては事の真偽は分からないし、確認することもないが、こうした雰囲気の中で生活することは都会とはまた違ったプレッシャーを生み出している。特に選挙時期の異常なまでの緊張した雰囲気は、奄美など他の離島地域でも一般に見られる現象だということは後に知った。

与那国の住民はこうした緊張感に疲れを隠せない。数年前にとあるコンサルティング会社が与那国で行ったアンケート調査にもそれは表れている。「島で必要なもの」との問いに対しては「自然」「伝統」といった回答が多かったことは予想通りといったところだが、「島に不要なもの」との問いに対する最多の回答が「選挙」であったという話を聞き、またもや驚いた。

国によっては望んでも得られないものであり、一瞬「この島のなんと贅沢なことか」とも思ったが、選挙が自由な意見表明の場として機能していないという実態を考えると、この回答も住民の切なる悩みを示すものと言えよう。

私が着任した二〇一三年四月は、陸上自衛隊のレーダー基地建設をめぐる土地使用料の話題で、与那国が全国的に注目された時期でもあった。「迷惑料十億円」。このフレーズが広く人口に膾炙《かいしゃ》したことは周知の通りだが、それ以前から島の中で自衛隊誘致派と反対派の意見は拮抗しており、この発言により町長は誘致賛成派からも批判を受けることとなった。

政治に素人である私がこの件に対して口を挟めるものではないが、一点、台湾との関わりについて付言したい。反対派の有力者の一人がかつて与那国駐花蓮事務所に出向していた田里千代基氏（現与那国町議員）であることもあり、自衛隊駐屯が台湾との交流に水を差すものであると受け止められている印象を受けた。

なるほど、台湾からすれば他国の軍事力がすぐ近くに駐屯することを不快に思う可能性はあろう。しかし、ウェブ上では大陸中国に対するけん制としての効果に期待する意見もみられ、台湾住民の総意として与那国への駐屯に何らかの意見が表明されているわけでもない。

一方で、誘致賛成派にしても台湾との交流に反対しているわけではなく、防衛上の安全と駐屯による経済的効果が得られる限りで、台湾はもちろん、大陸とも交流は進めたいという意見もある。糸数健一氏（現町議会議長）のように防衛上の必要性から誘致を真剣に希望する意見もあるが、賛成派の理由の多くは誘致による島の活性化への期待とも感じられる。

知り合いの自衛官の意見としては、「期待してもらうのは構わないけど、まちおこしが本来の役目ではないので、過度な期待に応えられるかどうか」というものであった。駐屯する隊員が一〇〇人規模であれば、その家族を含めると三〇〇人以上の人口増を期待する見方も島民の間にはある。だが、教育や医療施設も十分とはいえない不便なところにどれほどの隊員が家族同伴を希望するかは楽観できない。

与那国島の最西端（手前）から台湾を望む

このように賛成派も反対派もその理由はさまざまで、選挙で有利になるために大きく二派に分かれているともみえる。概して与那国の議論では自衛隊に対する態度と台湾交流及び台湾住民の意見とを、また、防衛上の必要性と経済的効果とを混在させているがために利害対立を複雑にし、双方の妥協点を見いだしづらくさせているのかもしれない。

地元住民と飲み会で話している場においても、自衛隊や選挙の話は意図的に避けられていた感があった。短期滞在の部外者が口出しすることもはばかられたが、調査・研究に専念できるよう町や派遣元の北海道大学から多大な配慮をしていただいたことに感謝している。二〇一三年の滞在では八月の町長選にかからないよう赴任時期を調整していただいたこともあり、実際の選挙時期の様子については次の機会まで待つことになる。

台湾側の視点

私が与那国に赴任した目的の大きな一つに、台湾・花蓮市に赴き、現地で保存されている交流に関する資料を収集するというものがあった。私は大陸の特に成都や重慶といった内陸部での滞在期間は長かったが、台湾訪問は初めてであった。まず、花蓮側の交流事業担当者であった梅君華・女史にEメール及び電話で連絡を取ったところ、予想以上のテンションで歓迎されたことに驚いた。

姉妹都市ではあるものの、与那国から直接の連絡はめったになく、姉妹都市締結時から日本語通訳を担当している羅子章・花蓮市顧問を通して連絡を取ることがほとんどだったからである。羅氏は日本統治時代に教育を受けた世代であり、その通訳者としての能力は私などの及ぶところではない。御年八五歳を迎えてなおかくしゃくとしており、与那国町が頼りにしているのももっともである。私も羅氏に初めて連絡した折には中国語を使ったが、あまりの流暢さに途中から日本語のみで会話をしていた。

羅氏及び梅女史の協力もあり、五月下旬に台湾訪問が決まった。与那国からは私と役場代表として小嶺主任が花蓮市役所及び議会、市立図書館を訪問することとなった。旅程の関係から台湾への空路は那覇を経由とした。

新石垣空港から台湾の桃園空港までは週二便あるが、意外と使いづらい。やむを得ず那覇経由で行くことになるのだが、一〇〇キロそこそこの台湾へ渡るために五〇〇キロ以上も反対方向へ移動しなければならない。これは目に見えるほど近いはずの台湾への距離感を大きく増大させている。那覇で前泊したわれわれ二人は翌朝の便で桃園空港に到着した。

イミグレーションを通過した際に私だけ呼び止められた。七年間滞在した大陸でもなかった経験に驚いたが、続いた言葉は「ハッピー・バースディ！」。なるほどその日は私の誕生日であった。

国内便に乗り換えるため台北の松山空港に移動し、そこから花蓮空港までの飛行機に搭乗した。松山空港から花蓮空港までは約三〇分、あたかも石垣から与那国までの飛行機に乗っている感覚であった。花蓮空港では梅女史が出迎えてくれ、遅めの昼食の後ホテルにチェックインし、羅氏の案内でかつて琉球村があった場所を見学した。海岸沿いのその場所は現在整備され、きれいな公園になっていた。「今は何も残っていませんが、当時はこのあたりに集落があったんですよ」と羅氏は懐かしげに語った。

その後、羅氏のオフィスで事前に送付していた質問事項について回答を得た。その中で印象的だったのは、「与那国との貿易は割に合わない」というものであった。与那国は不開港（貨物の輸出入並びに外国の貿易船の入港または出港が政令によって許されていない港）であるため、貿易手続きが煩雑であるが、その割に小口の取引しかない。手続きの煩雑さが一〇トンであろうが一〇キロであろうが同じなら、もっと大きな市場の方が魅力的という理由であった。確かに花蓮市は十万人以上の人口を有しており、その経済的規模は与那国とは比較にならない。「小さい」ということがここでも決定的な理由となっていることを痛感させられた。

ただし、「現状では交通の不便もあり、当市からの観光客は少ないかもしれないが、与那国は最も近い日本であり、観光地としては大きな期待が寄せられている」と応援もいただいた。与那国の観光名所というと、花蓮市では多くの人が「海底遺跡」（比川浜沖の海底に見られる独特の地形。石器等は見つかっておらず、人工物かどうかは現在も決着がついていない）を挙げる程度には認知されており、確かに観光での集客には大きな可能性がありそうだった。

翌日は市及び市議会に表敬訪問を行った。まさかテレビ撮影（二〇一三年五月三〇日付でYou Tube動画がアップされている。http://www.youtube.com/watch?v=ZbLWxseWrhg）まで入っているとは知らず、どきどきしながら町長からの親書を手渡した。それぞれで今回の訪問の意図を告げ、資料収集に向かった。

交流に関する資料は、もともと姉妹都市締結を記念して「将軍府」に陳列されていたが、管理の問題などから現在は市立図書館が所蔵している。図書館へは花蓮市役所からすでに連絡が入っており、到着後直ちに資料を用意していただけた。姉妹都市締結以来の分がしっかりと整理・保管されており、与那国でよく聞いた「どっかにあるはず」の部分に符合する資料はおおむね入手できた。

　戦前期の資料もないかと少し期待していたが、残念ながら当時の資料については台北の国立博物館でないと入手は不可能のようであった。その後、旧日本軍の士官用施設を改修した「将軍府」を見学し、植民地支配の是非はともかく歴史構築物に対する花蓮市民の思い入れに考えさせられるところが多かった。

　その日はそこで解散とし、私と小嶺主任は夕食に出かけた。与那国町は五年ごとに花蓮市を訪問しており、当然、小嶺主任も訪れたことはあったが、「町で来るときはツアー形式なので、一度屋台とかで自由に食べてみたい」と提案があり、夜市へと繰り出した。私としてはせっかく公務で来ているのに一品一〇〇円もしないような屋台でいいのかと考えたが、小嶺主任には思いのほか喜んでもらえたようだった。

　確かに、言葉の壁がある以上、ツアーで来た外国人が自由に屋台で食事をする機会はほとんどない。三十年以上の交流が続いていながら、いま一歩心理的距離が縮まらない理由がまた一つ見つかったように思えた。当初の目的を果たしたわれわれは翌日、再び那覇経由で与那国へと戻った。

カジキ釣り大会

　台湾から戻り、持ち帰った資料（後に電子データで送付してもらった分も含む）を閲覧・整理しているうちに離任の時期が近づいていた。七月の第二週からはカナダのビクトリア大学に赴任予定であったため、渡航手続きの準備を進める必要があり、差し当たり六月いっぱいで離任を予定していた。そんな折、交流推進班の稲蔵主事補から「与那国島国際カジキ釣り大会が七月六日で、台湾からも来客があるそうですし、一週間ほど延ばしませんか」と提案を受けた。「しかし、次のスケジュールも入っているし……」、「台湾から来るのは女子高生らしいですよ」……快諾した。

　与那国ではハーリー（爬竜祭）や豊年祭といった沖縄伝統の行事も盛んであるが、そうした伝統行事は主に島民主役の祭りである。それとは別に、島外からの参加者が多いイベントとして、七月の「与那国島国際カジキ釣り大会」と一一月の「与那国島一周マラソン大会」がある。特にカジキ釣り大会は与那国の名物とし

大会の様子（2013年7月5日～7日）

腕相撲でもトップ？　外間町長奮闘中！

て島が最も盛り上がるイベントの一つであり、姉妹都市である花蓮市からの参加も多い。

今回は国立花蓮女子高級中学（高級中学は日本の高校に相当。花蓮女子高級中学は日本統治時代の昭和二年に花蓮港高等女学校として設立）から民族舞踊科の学生が参加し、少数民族舞踊を披露してくれるという。引率で日本語も少々できる同校の張宏達先生が同行するということではあったが、学生が五名いるため一人では負担が大きく、中国語での案内がほしいという依頼であった。

大会四日ほど前から久部良漁港で会場設営が始まった。与那国にはこうしたイベントを手がける業者もいないため、すべて住民自身で設営する。舞台の骨組みから照明、音響と普段役場で見慣れた職員たちが手際よく組み立てていく。普通のおばちゃんがクレーンでゲートアーチを組み、メタボ気味のおじさんが身軽に鉄骨を渡り歩くなど、住民の生活スキルの高さを改めて思い知らされた。特に役立つ特技のない私は、荷物を右から左に運ぶ程度ではあったが、住民が一丸となって一つのイベントに取り組むという楽しみを味わうことができた。

華やかなステージ

普段は前日の深酒から、午前中の大半を机に突っ伏して過ごしている職員もこのときばかりは見違えるようで、動きのキレが違う。大会二日ほど前ともなると、普段二次会や三次会に行っているはずの時間まで作業を行い、早朝五時ごろにはもう現場に来ているというほどの気合いの入れようである。島における各種行事がいかに大切にされているかということを改めて実感させられた。

大会当日になった。カジキは船で沖に出て釣るため、観客は港で結果を待つわけであるが、その時間も退屈させないようにカラオケ大会や腕相撲大会など様々なイベントがステージで催される。私は午前中そうしたステージの準備で会場作業に携わり、午後から町教育委員会の東濵一郎教育課長と共に花蓮高級女子中学の一行を出迎え、与那国中学校との交流イベントに同行した。

与那国中学校では花蓮市への修学旅行を毎年行っており、台湾に関心を持つ学生も多い。学生とのコミュニケーションは英語で行われたが、与那国側は中学生ということもあり、教員がサポートしながらの交流会であった。話題の多くは、双方の学校生活に関するものであり、中学生と高校生の違いもあってか当初は少々緊張しながらの会話もあった。しかし、一緒に給食を食べ、掃除をするころには相当打ち解けて互いの連絡先を交換するほどになっていた。

台湾の学生たちは前日も石垣市で活動を行っており、さらに移動と交流イベントと続いたことで少し疲れがみえた。こんな状態で会場まで連れて行って楽しめるものかどうかの不安もあったが、この後のスケジュールでは台湾の民族舞踊を披露することになっていた。若干の休憩と準備を挟んで会場に向かった。

会場ではちょうどその日の釣果が報告されていたところで、彼女たちは町長ら関係者が集まっている場所で挨拶した。それから設営された来賓席で出演までの時間を過ごした。周囲のおじさん達から寄せられる多数の好奇に満ちた質問に対して、営業スマイルを絶やすことなく応対しているさまは、高校生でありながらも立派なプロ意識を感じさせるものであった。

その間もステージ上ではさまざまなイベントが進行していた。カラオケ大会や伝統芸能の棒踊りなど、とりわけ「歌と踊り」のプログラムは食い入るように見ていた。「面白い？」と聞いてみたところ、目を輝かせて「もちろん！　歌や踊りなら何でも興味ある」と答えてくれた。

彼女たちはアミ（阿美）族、タロコ（太魯閣）族、ブヌン（布農）族の出自であり、それぞれ台湾東部、特に花蓮県に多い少数民族の子弟である。いよいよ出番となり、それぞれの民族衣装に着替え、ステージ上で素晴しい演技を披露してくれた。

きらびやかな衣装の彼女たちが演技を終え、「お疲れさま」と声をかけようとした私は、あっという間に押し寄せた人の波に飲み込まれ、握手や写真撮影を求めて集まった観客を前に、あたかもAKB48のマネージャーであるかのような気分になっていた。その後も各演目が進む中、彼女たちは配布された食券を握り締めて屋台を回っていた。どこに行っても注目の的であり、付き添っている私も「はい、写真は一人一枚でお願いします」とマネージャー業務が板に付いてきていた。

ライブで踊ろう

初日の終盤には彼女たちも疲労の色が隠せなくなっていたが、与那国出身のミュージシャンである大城謙氏のライブが始まり、観客全員がステージ前まで詰め掛けて一緒に踊っているのを見るなり、その輪に入って踊り始めた。歌詞も分からないはずであったが、そこは普段の練習の成果か、周囲の人たちも思わず足を止めるほど見事なコラボレーションが実現した。

初日のプログラムが終了し、宿泊地である「さんぺい荘」（祖納集落の高台にあり、集落やナンタ浜が一望できる）までの車内でも彼女たちの興奮は冷めず、引率の張先生がいくら注意しても聞こえないほどのはしゃぎようであった（囃子の「イヤサッサ」が気に入ったらしい）。

翌日は昼過ぎのフライトで与那国を発つため、午前中は島の観光を行う予定であった。さんぺい荘に迎えに行くと、張先生が疲れた顔で準備を急かしていた。対照的に彼女たちは前夜のテンションを維持しており、張先生の疲労の原因もそのためであるようだった。

アヤミハビル館（アヤミハビルはヨナグニサンの当地での呼称であり、館では島の多様な生物の見学や解説を受けることができる）など島の観光場所は車で二時間もあれば十分で、その後をどう過ごすかが気がかりであったが、東濵課長の機転で与那国を代表する三線名手である与那覇有羽氏に与那国の伝統芸能の説明をしてもらうよう手配していただいた。

与那覇氏は大会会場のイベントに出席していたため、われわれも再び会場へ向かい、そこで踊りのレクチャーを受け、与那覇氏が「実際にやってみよう」と言って、演目の間のステージで彼女たちも三線に合わせて踊った。観客も突然の飛び入りに大喜びで、終了後に私が再度マネージャーとなったことは言うまでもない。

いよいよ飛行機の時刻が迫り、町長たちに別れの挨拶を述べた後、空港に向かった。今回の訪問の感想を聞いた。「もう最高！」、「今回の訪問地で一番楽しかった」、「是非ともまた来たい」など、うれしい答えを聞くことができた。どうやら「お客さん」としてではなく、地元の人たちと一緒に歌って踊ったことが喜んでもらえたらしい。

思えば、大会前は「台湾からのお客さんをどうもてなすか」という話題で役場でもいろいろと意見が割れていた。今回の総括を務めた若い稲蔵氏の「学生だから自由に楽しんでもらえばいい」という意見と、長濱班長ら年配者の「そんな、食券渡して終わりとか味気ない」という意見は、なかなか折り合わなかった。

もちろん、与那国のホスピタリティの高さは島の魅力の一つであるが、高校生相手に格式ばった接待というのも不似合いであろう。歌と踊りの大好きな彼女らはいずれにしても今回の訪問を楽しめたものと思う。大人同士の交流活動であれば利害やメンツや期待など多くの要因が考慮されるが、彼女たちの様子からは「交流って楽しいからするんじゃない？」という根本的な問題を改めて考えさせられた。

離任

カジキ釣り大会の終了と共に私の与那国滞在も終わりを迎えた。大会最終日に自分の仕事は終わったと油断して腕をけがし、島唯一の診療所で診察してもらった。離島の診療所ということで設備的にも限界はあるが、可能な範囲で最大限の治療を行っていただいたと感謝している。「離島だからできませんとは言いたくないので」。この並木宏文医師のプライドは多くの町民にとって心強いものとなっている。

離任当日、まだ大会会場の撤収作業で人のいない役場で別れの挨拶を済ませて、空港までバス（与那国町が運営している無料バス。もともとは民間で運営されていたところ、車検を怠ったことからいったん廃止となったが、住民の便のため現在は町営として運行されている）に乗ろうとしていたとき、長濱班長から「送っていくからちょっと待ってろ」と電話が入った。久部良の会場にいる班長を待つよりも、そのままバスに乗ったほうが早かったかもしれないが、そうした気遣いが素直に嬉しかった。

離陸時間直前に到着し、慌しく班長にこれまでのお礼を述べて搭乗した。片腕を吊ってふらつきながらゲートをくぐる姿は、われながら様になっていなかったと思う。「いつか必ずまた来ます」、そう言って与那国での滞在は幕を下ろした。その「いつか」が意外と早く訪れようとは知る由もなかったが。

再び与那国へ

与那国滞在の後、カナダのビクトリア大学で客員研究員として与那国の事例を中心に日本の国境事情について報告した（詳細は『境界研究』第四号所収の論文をご覧いただきたい）。

約四カ月後、二〇一三年一一月には与那国島一周マラソン大会に参加するために再訪した。もともと若いころはフルマラソンの経験もあった私だが、JIBSNでは対馬や根室、稚内などの「国境」マラソンを繋ぐというキャンペーンを始めたばかりで、この機会にぜひと与那国マラソンへの参加を依頼されたからだ。ハーフ程度と少し甘くみていたこともあり、苦しい一日となった。息が上がりながらも何とか二五キロのコースを完走できたが。

このとき外間町長にお願いした。「与那国への派遣は一回を半年任期として継続していただけないか」と。自身の経験から、わずか三カ月間の赴任では現地に慣れることで任期の大半を費やしてしまうため、後任に同じ経験を味わわせたくなかったからである。町長からはご快諾をいただいた。マラソン体験記はhttp://src-hokudai-ac.jp/jibsn/report/20131109_masuda.pdfで閲覧できる。

平坦そうに見えて起伏あり

二〇一四年夏、私は小樽商科大学で研究員及び非常勤講師に就いていた。与那国への派遣員については私も心当たりの知人に当たっていたため、後任の心配は特に考えていなかった。

ある日、その知人から「やっぱり止めておきます」と連絡が入り、JIBSNの岩下先生と相談したところ、「与那国町としてはすでに受け入れ準備を進めている。すぐに再公募を行うが、差し当たりもう一度行ってもらえないか」との提案を受け、八月一一日、与那国に向かった。

マラソンで訪れて以来、ほぼ八カ月ぶりの渡島だったが、もはや勝手知ったる土地ということもあり、空港から荷物を背負って徒歩で宿に向かった。滞在はやはり「お食事処　磯」である。とりあえず荷物を部屋に置き、役場へ挨拶に行ったところ、今回は本館の交流推進班に席を設けていただけるという。

理由を尋ねたところ、「離れはクーラーが故障しているので普通なら耐えられない」とのことであった。八月の暑い最中、そこで業務を続けている長濱班長も強情というか意地っ張りというか。しかし、相変わらずの「ばんじょうがね」っぷりにどこか安心させられた（番匠は大工を指し、番匠金とはL字型指金のこと。曲がらないことから、琉球方言では融通の利かない人を意味する）。

台湾から資料を収集してくるという明確な目的があった前回とは異なり、今回は正式に後任が決まるまでのつなぎのような形の赴任となったため、手伝えることがどの程度あるのか若干の不安もあった。だが、着任した当日からしっかりと業務は降ってきた。「台湾からファックスが届いているので、翻訳を頼みたい」ということで、さっそく文書に目を通し、翻訳した。花蓮市役所からの依頼文で、「八月下旬に台湾からシーカヤック（くり舟）で与那国→石垣→宮古→久米島→沖縄本島と渡る団体がいます。入国手続きなどをよろしく頼みます」といった内容であった。花蓮県蘇帆海洋文化芸術基金会主催のこのプロジェクトには、翌年に太平洋、翌々年に大西洋、二〇一七年にはインド洋をシーカヤックで制覇するという壮大な計画書も添付されており、大胆な発想にも驚かされた。

そもそもＣＩＱ機能を有さない与那国で手続きを申請するとなると、通常二カ月はかかることを花蓮市も承知しているだろうに、発信日はプロジェクト半月前の八月九日となっていた。ちなみに私の着任したのは八月一一日である。だめもとで周囲の職員にも確認してみたが、やはり不可能ということなので、町長と相談の上、花蓮市役所には時間的に手続きが間に合わない旨と計画の見直しを提案して返信とした。

こうした文書はしばしば届くようであり、交流の機会は多いものの、互いの事情を尊重しなければ成果に結びつかない、ということを改めて実感させられた。後日、花蓮市の梅女史にシーカヤックの件を確認したところ、「無理だとは言ったんだけど、基金の方が諦めなかったので仕方なく……。正式に文書で断りの回答を受ければ分かるかと思って」との弁解を受けた。

サンバ大会

シーカヤックの件が一段落ついたころ、今度は小嶺課長（長寿福祉担当）から「実は花蓮市から毎年来ている文書があるんだけど、それも翻訳してもらえないか」と依頼を受けた。その文書は花蓮市で毎年開催されている「サンバ（森巴）大会」に、与那国からも姉妹都市交流としてチームを派遣してほしいというものであった。本年で第三回目となる花蓮市サンバ大会であるが、地方のイベントとしてはかなり大規模に行われ、テレビ中継も台湾全土に放映されるとのことで、与那国をアピールするには絶好の機会とも思われた。

まず、これまでの誘いにはどう対応していたのか小嶺課長に尋ねてみたところ、「内容がわからないので放置していた」との回答にも驚かされたが、それでも懲りずに送ってくる花蓮市の方が無頓着なのか。先のシーカヤックの件と同様、「だめもと」で送っている可能性も高いと思われる。

いずれにせよ、こう例年送って来ている以上、何かしらの回答をしないと姉妹都市としての意味も薄れてしまう。町長に内容を説明して参加の可否を確認した。第一回及び第二回の様子がネット上で報じられていたため、参考資料として併せて提出した。すると町長は、花蓮市長夫妻が民族衣装を身につけて一緒にパレードに参加している写真を指

町長が懸念した『こういう格好』

して、「うちからも参加となると、僕もこういう格好で出ないといけないのかな。それはちょっと抵抗あるなぁ」。踊りの苦手な町長はあまり乗り気ではない様子であった。

では、参加チームのみ派遣するという形で、町長が出る必要がないようにしてはどうかと提案したところ、「青年会とかを派遣することは可能だろうけど、うちの芸能がこのサンバの雰囲気に合うかどうか……」、「では、今回は将来的な派遣を考えるための視察ということならいかがでしょうか」、といった感じで「とりあえず様子を見に行く」ことで折り合いがついた。

花蓮市役所にサンバ大会に出席の旨を返信したところ、歓迎するとの回答を得た。ただ、そこに一つ条件が付されていた。「サンバ大会は台湾統一選挙の直前に実施されるが、花蓮市長もそれを踏まえてマスコミ対応をする。ついては、与那国町長にも一緒にインタビューを受けてほしい」というものであった。

しかし、他国の政治活動に関わるのは与那国町としても難しいところである。姉妹都市である以上、相手都市の長が変わったとしても関係を続けていかねばならず、軽々に特定政権を利する行動を取ることで、将来的に姉妹都市関係に影響する可能性もある。一嘱託専門員でしかない私は、ここでも町長に相談するほかはなかった。その結果、政権の話題には触れず、花蓮市との友好をアピールすることに徹するということで、インタビューを受けることとした。

それから数日間は宿やら交通手段の手配やらで忙殺された。当初、石垣—桃園のフライトを利用する予定であったが、町長の公務との関係で那覇—桃園に切り替えたところ、台湾からの修学旅行とバッティングし、チケットの確保が難航した。普段は石垣から台北への便は空いているようであるが、この不安定さが通年での航路の設定を難しくさせている。今回は役場から町長、私と仲宗根智産業振興課長（読谷村出身で歌とギターの上手いナイスミドルである）の三名が出席することとなった。

花蓮市にはかつての製糖工場跡が資料館として開放されており、サトウキビ事業を担当する仲宗根課長は、その視察も兼ねての同行である。他に外間町長の妻・メリヤ夫人とその姉妹である兼次夫妻、町長の友人である伊藤夫妻も同行した。中華圏では政治家の視察には威厳を示すために多くの同行者がいることが普通のため、当方も人数を増やした方がいいのではという提案を、関係者から受けたからである。念のために記すが、役場の三名以外は自費参加である。なお、伊藤夫妻は先に台北に出発しており、松山空港で九月一二日に合流することとなった。

ザ・台湾

すぐ隣の島なのに、実際に行くとなると、ひどく遠いのが台湾である。那覇経由で与那国から花蓮まで行くのはなかなかにハードな行程であったが、午後六時過ぎに花蓮空港に到着すると、なんと田智宣市長自ら出迎えに来ていた。さすがに町長が直々に訪問というのは、それだけの重みを持って受け止められているようである。花蓮市には予め伝えてあったが、到着当日は疲れもあるので夕食の誘いは受けず、そのままホテルで休んだ。

翌日、花蓮市役所から梅女史が車で迎えに来てくれた。大会会場である金三角商業区で開始を待ちながら、周囲で待機している各出場チームを見て回った。その間にテレビ取材（http://www.youtube.com/watch?v=JN0jU33hCfE）も受け、近年における花蓮市の活性化に賛辞を述べ、姉妹都市交流のさらなる発展をアピールした。

いよいよパレードが始まり、大きな船が火を噴きながら登場すると盛り上がりは最高潮となった。確かに派手である。日本であれば火を噴きながら公道を通る許可を取ることすら困難であろう。

ヤムチャのひととき

田市長が開催の辞を述べた後、われわれ一行も前面に押し出され、またもやインタビューを受けることとなった。与那国町のはっぴを着たわれわれはかなり注目されていたらしい。形式通りの挨拶をした後、さっさと列から離れようとした町長であったが、花蓮市役所の職員に捕まってしまい、あれほど嫌がっていたにもかかわらずパレードを一緒に練り歩くことになってしまった。

とはいえ、われわれは誰も現地の踊りを知らない。一行の動きはあたかも盆踊りのようで、これまた周囲の注目を集めてしまったようである。台湾の主催者側のブログ（http://dreamcommunity.tw/blog）には「与那国町長一行は独特の歩法で今大会注目のチームとなっていた」旨記載されている。「サンバ大会」となっているが、リオのカーニバルで見られるような露出の高い衣装から、黒ずくめの民族衣装までそれぞれのチームがそれぞれの服装で参加しており、日本からの参加チームがあったとしても違和感はないように思えた。

パレード終了後、われわれは市長主催の晩餐会に出席した。花蓮市側の出席者は市長夫妻の他、市役所職員や現地企業など十名ほどで、全員が過去に与那国と何らかの関わりを持ったことがあるとの説明を受けた。それぞれが交じり合うように二つのテーブルに分かれ、田市長と外間町長による挨拶の後、各テーブルでの懇談となった。

田市長と酒を飲むのは初めてであったが、これがまた強い。はじめこそ「今日は疲れているのでビールにしましょう」と言っていたが、ビールが空くやいなやウイスキー攻めとなり、グラスが少しでも空くようであれば、町長はもちろん私にも間髪入れずに注がれていた。夫人が市長の袖を引いて止めようとするも効果はなく、初めは不安そうにしていた町長夫人もあきらめ顔となっていた。

私は通訳も兼ねた参加であったため、二つのテーブルを往復しながら飲む羽目となった。常にどちらかのテーブルに呼ばれて「～

と伝えてくれ」と頼まれ、当然その際に飲まされる。「もう一つのテーブルには羅顧問がいるはず」と救いを求めて見回したが、見つかったのは完全に出来上がっている羅顧問であった。

最後に両首長がプレゼント交換を行い、記念撮影をしてその日は解散となった。別れ際に羅顧問から「長年、与那国と花蓮の交流に携わってきましたが、私ももう年ですからね。与那国に中国語のできる人が来るようになったのは本当に嬉しいですよ」と告げられ、私としては今後も与那国と花蓮の交流を手伝わないわけにはいかなくなった。

ホテルに戻ろうとしたところ、町長が「これからもう一杯くらい外で飲みたい」と言い出した。夫人らは反対したが、すでに千鳥足の町長が一人で外出するのも心配だったため、私と伊藤氏の二人が同行することとなった。町長はそのへんの普通の屋台で飲みたいということだったので、要望どおり路上の屋台でビールとつまみを頼んだ。

台湾の屋台

前回の滞在においては、前半は「迷惑料」事件、後半は町長選と、後で考えると非常に忙しい時期だったため、町長と飲むような機会はあまりなかったが、さすがに元学生運動の闘士であり、弁も立つ。町長と話している際にもまるで論文の審査を受けているかのような緊張感を持ったこともある。

「あの人なら島を変えてくれると期待したんだよ」。島の飲み屋で島民からの話を聞いていても、反対派・賛成派を問わずその弁舌や行動力への評価は高い。体格も良く、やや強面の町長は訥々と語った。「これでも結構ね、きついんですよ。島の中では自由に言いたいことも言えないし……」。

隣の伊藤氏はすでに意識があるのかないのか、時々妙なタイミングで頷いている。すでに三期連続で現職にあり、一部ではあたかも「島の支配者」のように報道されている外間町長。その功績や能力は、島民の多くも認めるところであるが、長期政権もそろそろ潮時と考えているのか、後継となる人材の不足を憂えているのか。

ストレスや悩みは政治家となった時点で宿命のようなものかもしれないが、こうして屋台で管を巻いている姿は、いわゆるふつうの「おっちゃん」であった。ひとしきり飲んだ後、私と伊藤氏はふらつく町長を支えてホテルまで戻った。

翌日は仲宗根課長の目的であった製糖工場跡（花蓮糖廠）の見学に行った。日本統治時代に設立され、戦後は台湾糖業が接収し、二〇〇〇年の閉鎖（WTO加盟にともなう砂糖価格の低下が主要因）に至るまで八十年以上操業した後、歴史的遺産として一般開放されている。

われわれは主に製糖施設の見学に時間を割き、仲宗根課長も細かくメモを取っていた。従業員の宿舎であった日本式の木造建築なども残されており、単なる工場見学以上の見応えがあった。現在はアイスクリームが人気商品となっており、見学に行った際にも多くの観光客が来ていた。転んでもただでは起きないそのバイタリティには感心させられる。

帰りは再び台北と那覇を経由して与那国に戻った。同時期に台北市内で開かれていた夏川りみのコンサートに合わせて、八重山広域連合のイベントも実施されており、与那国からは稲蔵主事補が出席していた。われわれも松山空港から桃園空港への移動の途中で立ち寄ることができないか検討したが、道路事情などを考えると飛行機に乗り遅れる可能性があったため、諦めざるを得なかった。帰島後すぐに町長は敬老会に出席しなければならないため、行きと同じく慌しい行程であった。

後日、町長から「台湾訪問の反省会をしよう」と誘いを受けた。仲宗根課長や伊藤夫妻も同席したが、ツアーに含まれない自由旅行が皆、新鮮だったようである。前回の訪問でも小嶺課長が屋台を新鮮に感じたのと同様、姉妹都市として長い付き合いではあるものの、与那国と花蓮の関係にはどこかよそよそしさが残っているのかもしれない。

昨年、島を訪れた花蓮の高校生たちは出店の揚げ物や缶ジュースでも、これ以上ないくらいに楽しんでいた。もちろん大人同士の交流では立派な食事を用意したり、派手な演出を行ったりというタイプの「おもてなし」も必要であろうが、それがかえって負担になってはいないだろうか。

長い姉妹都市関係に比して、目に見える成果の上がらない交流事業に懐疑的な意見も少なくない。貿易という経済的な目的があることは痛いほど理解できるが、先述のとおり現行の法制度に革命的な変化を求めることは望みが薄い。仮に制度的に可能であっても与那国からの輸出品がない以上、取引すればするほど赤字になってしまう。自衛隊の有無にかかわらず、これは純粋に経済的な問題である。

人の往来が増えれば、それにともないＣＩＱ施設の開設を要求することも可能になるかもしれない。最初の人を呼び込むところが難点ではあるが、必ずしも金や手間をかけずとも楽しんでもらえるような方法はないだろうか。どこかよそよそしい「お客様」としての関係から、近い将来、本当の隣人・友人関係に発展できることを願い、これからも交流を手伝っていきたいと思う反省会であった。

政治と人間関係―煩わしさとたくましさ

サンバ大会と順序は前後するが、今回の滞在は九月七日に行われた与那国町議会選挙の時期とも重なっていた。先にも述べたが、島における一票の重さは都市部とは比較にならず、投票率も百％近い。それだけに多くの思惑が渦巻いており、そのうちのいくつかは法に抵触するかもしれない。部外者である私は裏の事情までは分からないが、この時期、役場の選挙管理委員会は怒涛の忙しさであったと思う。夜遅くまで部屋の電気がついており、人の出入りも激しく、派出所からの立ち寄りも目に見えて多かった。

八月に着任して、まだ一月足らずの私には当地での選挙権がないため、あまり気にすることもなく、同僚の職員宅でいつものように飲んでいた。近所の若者もちょくちょく遊びに来ており、それまでも一緒に飲むことが多かったが、その日はいつもと様子が違った。「明日からしばらく飲めんようになるから、今日は存分に飲もう」と言われて（むしろ今までは存分に飲んでなかったのかという突っ込みを入れそうになったが）、ようやく選挙が近いことを実感した。彼は別の候補に投票する予定ということだ。一応、秘密投票のはずではあるが、こうした感じで島民は、おおむね誰がどこに入れるかを前もって知っている。

親戚関係など血縁に基づいた派閥は島の人間であれば誰もが熟知しており、簡単に変わるものではない。与那国に限らず、離島の選挙では「実弾」が飛び交うと噂されることもあるが、実際のところ、血縁コミュニティーを裏切ってまで、ちょっとやそっとの金額で島民が投票行動を変えることはない。ごくまれに動くとすれば「恩義」であろうか。例えば息子の就職を世話してもらったなど、親からすればなにものにも代えがたいケースもあるだろう。

一方、外から来た移住者には人間関係などのしがらみも少ないため、ターゲットにされやすいといわれる。住民票のみ移しておき、実際には住んでいなかったという話もあるとされるが、常に居住しているかどうかの事実は地域でなければわからないため確認も容易ではない。

これだけ聞くと非常に息苦しい状況にも思える。確かに島の人たちにも選挙期間を煩わしく思っている者は少なくない。しかし、現実の島民たちは結構適応しているものである。特に若い世代であれば、形式上、選挙期間中は人付き合いを制限するが、選挙が終われば元通り付き合い始める。はたから見ていると、まるで一種のイベントとしてその期間を過ごしているようにも感じられた。

人口規模が小さいことによる選挙結果の影響の大きさや一票の重さは今後も急激に変わることはないと思われるが、一方で住民の意思を直接に反映させやすいという、他地域よりも恵まれた条件と考えることはできないか。選挙によって人間関係に影響が出ることは確かに煩わしいものであるが、イベントと割り切って折り合いをつけている若い世代が増えれば、「島に不要なもの」のリストに上がることも少なくなるのではないかと期待したい。

諸業務

さて、今回は代打のような形で滞在することとなったが、本来この嘱託制度は町で設立が予定されていた歴史文化交流資料館（仮称）の開設を支援することが目的であった。前回の滞在では、花蓮市から資料を取り寄せるという比較的明確な目標があり、町としても資料館建設に向けた補助金の申請を進めていた。

二〇一四年度には着工されるはずであったが、今回赴任した時点ではようやく建設地が決まった段階であった。事情を尋ねたところ、建設予定地の選考にあたり、教育委員会が給食センター建設予定地と考えていた場所と重なったことが原因のようであった。結果として、給食センターが少し場所をずらすことで折り合いがついたようである。

とは言っても、本来の予定工期には間に合わず、一度補助金申請を取り下げ、翌二〇一五年度分として改めて申請することになった。これで、少なくとも私の滞在中の進展はなくなった。

かといって私の滞在には賃金も発生している。何もしないわけにもいかない。そんな折、「特区申請の書類を作ってもらえないか」という依頼が入ってきた。昨今、主に東南アジアで養殖されているバナメイエビが病気により不漁だという。そこで、安全な国産エビの養殖を与那国で手がけたいという話が役場内で上がっており、養殖とその輸出に関する特別措置を申請してはどうかという案が出てきた。

「エビ養殖特区計画」、新潟県等で成功した閉鎖循環式養殖槽を利用したもので、実績はあるらしい。技術的な部分は専門外であったが、仕様書などを見る限りでは、初期設置にかかる費用は養殖施設を提供する企業が立て替え、売り上げから回収、費用を回収しきった後は町側の事業主体（例えば与那国町漁協など）に移管するという。なるほど途上国へのプラント設置等で使われるＢＯＴ（Build Operate Transfer）方式（民間事業者が施設等を建設し、維持・管理及び運営し、事業終了後に公共施設等の管理者等に施設所有権を移転する事業方式）のようなものである。

問題は設置費用である。養殖槽一基で数億円、それを二～三基設置するのであるから、メンテナンス等諸費用も合わせてかなりの大事業となる。当然、失敗したときのリスクも巨額になる。見積書では四～五年で完済、その後は町側に利益が入るよう描かれていたが、エビ単価は変動が激しく、予定の収益を上げられる保証もない。

また、施設の管理は与那国町漁協が行う方向で考えられていたが、漁協はかつてモズクの養殖に失敗したという苦い経験を有しており、これも不安要素と言える。さらに、養殖自体は成功したとしても、与那国から本土に輸出する際の保存・運賃などを考えるといまの見積もりでは楽観的に過ぎる感もあり、近隣諸国への輸出までを視野に入れることは、いっそう難しいものに思われた。

以上の点を説明した上で、本計画の見直しを提言した。対応した小嶺課長も、「あまりに金額が大きすぎるので、見積もりを再提出させる」との回答であった。一攫千金のプロジェクトは確かに魅力的であるが、余力のない離島が冒険を挑むには、他地域よりもいっそうの慎重さが必要とされるのではなかろうか。

エビ養殖の話を受けているころ、並行して町長から「電磁波が健康に与える影響を調べてほしい」との依頼も受けた。自衛隊の駐屯にともなって設置される久部良のレーダーのことを懸念しているようであった。ちょうど、琉球大学の賀数清孝教授が与那国で電磁波の説明会を開いており、特にレーダーからの距離が近い久部良の住民から不安の声が上がっていた。

まったくの専門外であることを断った上で、以下に概要を述べたい。総務省の発表や学術研究を調べてみたところ、熱作用や刺激作用（直ちに出る影響）に関しては電波防護指針等の安全基準が定められているが、非熱作用（慢性的に被曝することによる影響）については明確な指針がない。そこが争点となっているらしい。

官公庁による説明では「非熱作用は科学的な裏づけが取れてい

ない」とされ、現行法を改正する予定はない。確かに非熱作用に関しては学術論文の中でもはっきりと決着はついていないようである。

ただし、そうした研究実験で通常扱われているのは数分間、せいぜい数日間の暴露による被検体であり、数年、数十年とその環境で暮らす住民にどんな影響があるかの結論を出すのは難しいのかもしれない。

賀数教授は「政府は影響が出てからじゃないと動かないが、それでは遅い」と予防的措置を強調している（電波事業は産業としても巨大であり、基準改正に政府が消極的な理由の一つになっている）。町長にも上述の内容を説明し、「影響がないとは言い切れないようです」と伝えた。

しかし、考えてみれば携帯電話でも送電線でも電磁波は発生しており、現代社会で電磁波を完全に排除することも現実的ではないであろう。レーダー設置のメリットとデメリット、住民はどちらを望んでいるのか。陸上自衛隊配備の是非を問う二〇一五年二月二二日の住民投票の結果では、賛成票が過半数を得た。しかし、一方で約四割は反対票に投じており、うまく折り合いをつける必要がありそうである。住民投票自体に法的拘束力はないが、賛成・反対を問わず、民意に反する政策は実行困難となろう。

後任と離任と

一〇月下旬、三カ月の予定であった私の任期が近づいてきたころ、後任が決まったとの知らせが届き、さっそく本人と電話で話してみた。法政大学沖縄文化研究所の小池康仁研究員で、もともと沖縄各地をフィールドとして研究を行っており、与那国も訪問したことがあるという。私よりよほど適任の経歴ではないか。ちょうど一一月上旬に今年もマラソン大会が開催される。昨年は走者として参加したが、今回はスタッフとして手伝い、走るのは後任者に任せようというアイデアが固まった。あたかも嘱託制度の義務であるかのように、かつ強制ではないという点を強調しながら、参加の承諾を取り付けた。

一〇月三〇日、後任となる小池嘱託員が到着し、長濵班長と共に空港で出迎えた。荷物を私と同じ「お食事処　磯」に置いた後、初日ということでまずは役場に挨拶に向かったが、タイミング悪くほとんどの職員がマラソン大会に向けた草刈りに出ており、役場はがらがらであった。

さしあたり、私がそれまで行ってきた業務内容を説明し、資料などを紹介した。就業時間後はとりあえず歓迎会の意味で飲みに行くことにした。ちょうど小池嘱託員は友人からの電話を受けたようで、「うん、そう今日から与那国。島流し？　違う違う、仕事だから」、友人としてはいたって普通の反応であろう。飲みながら島での滞在について色々説明してみたが、さすがに詳しい。専門は社会学ということであるが、与那国を含め八重山・沖縄の歴史に通じており、まさに適任者であった。

そうこうしていると、長濵班長から電話があり、「今工房で飲んでいるから、小池君も連れて来なさい」と。せっかくなので一緒に向かった。長濱班長の細君はティンダハナの上で与那国織り（花織り）の工房を営業しており、班長は終業後にそこで晩酌するのが日課であった。夜のティンダハナは街灯もなく完全な闇である。比喩ではなく「鼻をつままれてもわからない」ほどの暗闇に小池嘱託員も驚いていた。

与那国への街灯設置は派出所の平良巡査も提案しているが、住民の中には「明るいと眠れない」という意見もあるようで、なかなか折り合いが難しい。工房に到着して飲み始め、小池嘱託員も改めて自己紹介を行い、かつて長濱班長の父である一男氏にインタビューをしたことがあることなど話した。長濱班長は父との微妙な関係もあり、深くは触れなかったがなんとなく懐かしげであった。

小池嘱託員から「島での飲み会は多いのですか」と聞かれ、「ほぼ毎日」と答えるとともに、重要な点も注意しておいた。確かに尋常ではない量を飲むことになるが、できる限り粗相はしないように、と。

粗相

というのも、私も一度飲みすぎて路上で寝ていたことがあり、そのこと自体は失敗談で済むのだが、翌日出勤すると、周りの職員が「舛田さん、こんな写真あるんですけど（笑）」と言って、フェイスブックと思われる私の路上就寝写真を見せられたことがある。

ただでさえ濃密なコミュニティーで噂などすぐに広まるのだが、そこに先端技術が結合することで、かくも強力な情報網が構築されていることは脅威である。役場でもＩＣＴ（情報通信技術）化を進める話などよく上がっているが、住民レベルではすでに十分ＩＣＴ化が進んでいるのではなかろうか。

こうして与那国での日々は過ぎ、私は貴重な経験とともに離任した。その後、小池嘱託員から、二〇一五年度中に与那国島歴史文化交流資料館（仮）がオープンし、それに合わせてスタッフを募集している案内を受け、順調に進んでいることに安心させられた。その後もしばしば与那国から現状報告の便りが届き、楽しそうな雰囲気が伝わってくる。いつだったか、稲蔵主事補が観光客へのアピールで言った言葉が思い返される。「日本各地が暗い雰囲気でも、与那国だけは毎日楽しいよ」

余談ではあるが、ある日、小嶺課長と飲んでいる時の会話である。「島は虫が多いですね。ちょっと食べ物とか落とすとすぐに蟻とか群がっているんですよ」、「島には色々な虫がいるよ。そうそう、サソリみたいな虫もいるよね」。どうやら本物のサソリとは認識されていないようであった。

マダラサソリ

ヤエヤマサソリ

N
歯舞群島
水晶島
納沙布岬
市街地拡大図
鳴海公園
カラオケドリーム
アラジン
ロフト(ショットバー)
すし善
軽食喫茶ポパイ
おいしさ処
あんくる＆チボリ
市立根室病院
レストラン
リュミエール
道道35号
居酒屋
大ちゃん
S.Cafe
エス・カフェ
根室公園
道道312号
喫茶
どりあん
根室市図書館
根室警察署
ビッグエコー
根室常盤店
イオン根室店
道道35号
Marche de kitchin
マルシェ・デ・キッチン
北の勝酒造場
根室振興局
サッポロドラッグ
ストアー根室店
根室市役所
ときわ台公園
根室市消防本部
根室グランドホテル
北斗小学校
JAZZ&COFFEE
サテンドール
千島会館
ニュー
モンブラン
国道44号
根室駅
根室本線
イースト・ハーバーホテル
釧路地方裁判所
民宿ねむろエクハシの宿
お宿エクハシ別館
0
100
500m
0
10km

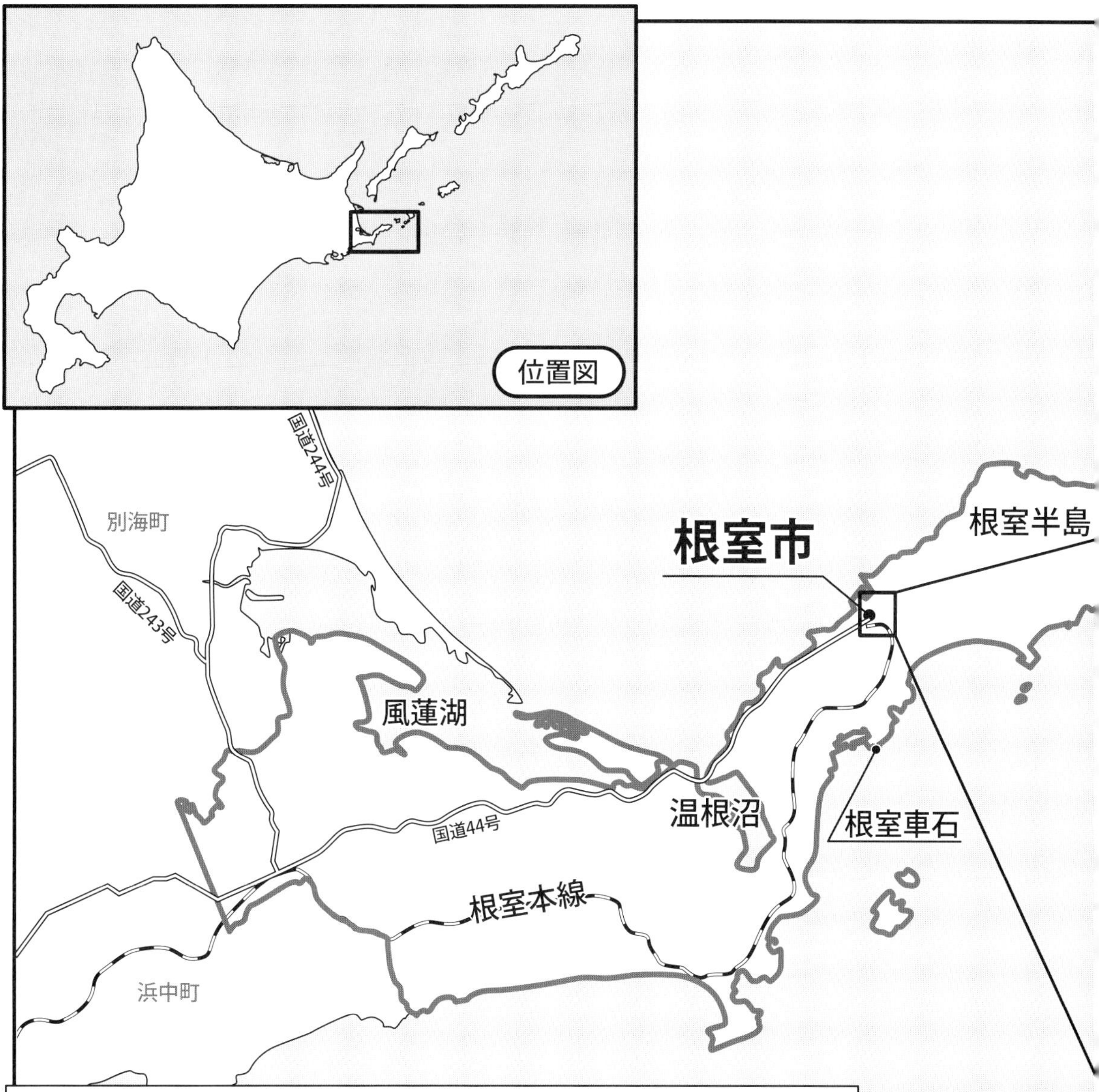

根室へのアクセス

▼空路⇨陸路（公共交通機関）

羽田空港 - 釧路空港（飛行機 約1時間45分）→ 釧路空港 - 釧路駅（バス 約55分）- 根室駅（列車 約2時間30分）

羽田空港 - 中標津空港（飛行機 約1時間55分）

関西空港 - 羽田空港 - 中標津空港（飛行機 約3時間50分）

伊丹空港 - 羽田空港 - 中標津空港（飛行機 約3時間50分）

丘珠空港 - 中標津空港（飛行機 約1時間45分）

→ 中標津空港 - 根室駅前ターミナル（バス 約1時間35分）

▼札幌からの陸路（自動車）

札幌市 -（12）- 札幌南IC -（道央道 約15分）- 千歳恵庭JTC -（道東道 約2時間50分）- 浦河IC（浦河町）-（274 約27分）- 白糠町 -（392・38 約45分）- 道の駅しらぬか恋問 -（38 約31分）- 釧路市

釧路市 -（道の駅厚岸グルメパーク - 道の駅スワン 44 根室）- 根室市（44 約2時間15分）

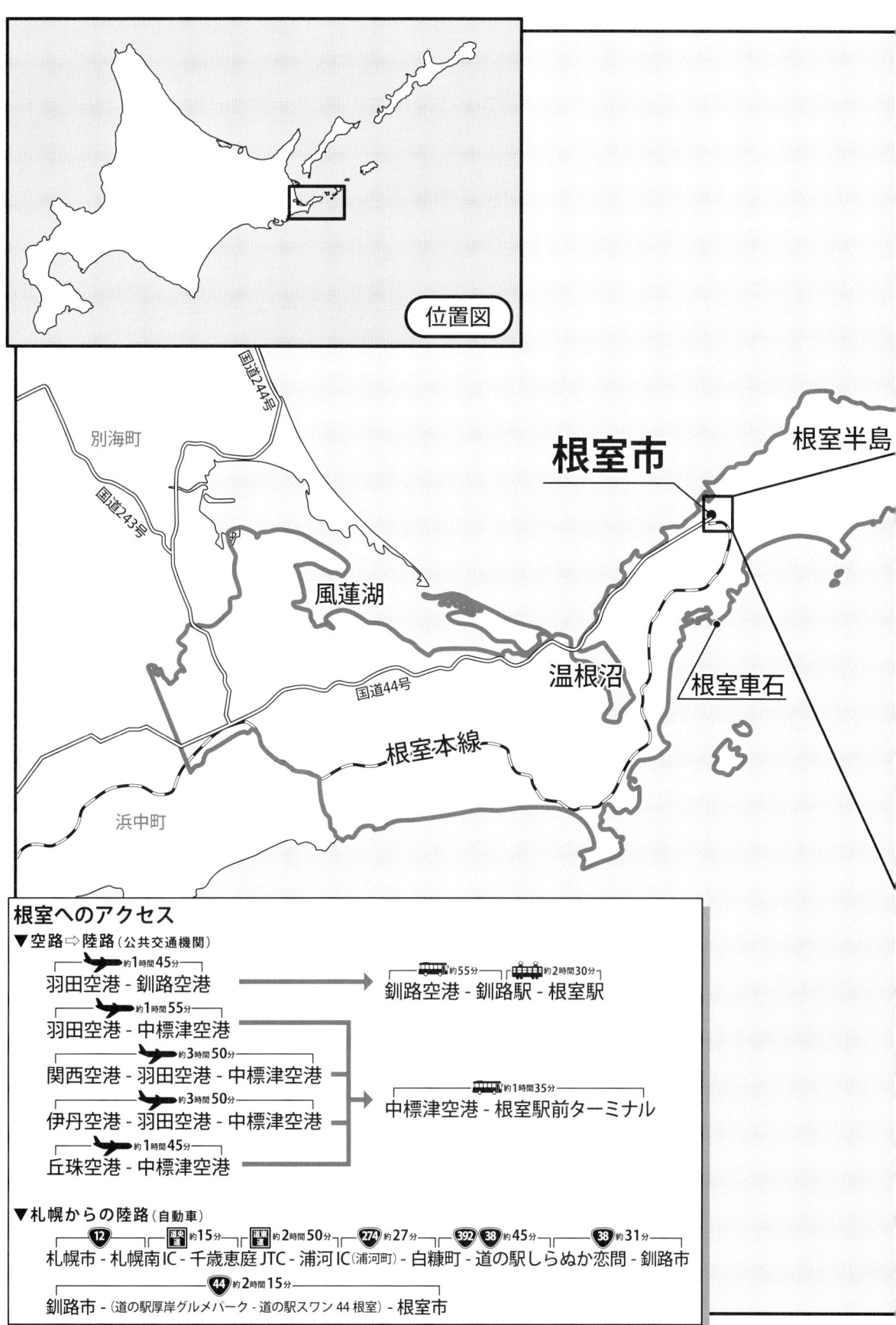

Ⅲ「国境」と呼べないまち・根室

私が根室に向かった理由

「君に根室に行ってもらいたい。北方四島と接する境界地域の現状を肌で感じ、それを世界に発信してほしい」。国費留学生として北海道大学大学院文学研究科後期博士課程で学んでいた二〇一三年春、私は指導教員からそう言い渡された。北海道大学グローバルCOEプログラムのリサーチ・インターンシップとして三カ月間、根室市役所北方領土対策課で働いてみないか、と。

願ってもない話だった。なにしろ私の研究課題は、境界地域に関わる日本とロシアの交流、とりわけ日露の係争地となっている「北方領土」を研究の射程としていたからである。

私の祖父は日本人で、日本人の血が四分の一交じった日系フランス人である。一九八五年に東京で生まれ、五歳まで過ごした。その後も祖父母の暮らす日本を毎年のように訪れていた。幼少期は日仏の二重国籍を有していたが、二二歳のときにフランス国籍を選んだ。

フルネームは「ファベネック・ヤン・カイシュウ・アリョーシャ・アントワーヌ」と非常に長い。だが、この中に祖父が好きだった勝海舟からいただいた日本名、その隣にロシア名、そしてフランス名が並ぶ。ある意味で日露仏の「申し子」のような存在として、第三国から日露関係を見つめている。

日露間では一九九二年からパスポートもビザも使わない形の相互訪問、いわゆる「ビザなし交流」が行われている。残念ながら、日本国籍を失ってしまった私は、この交流に参加する資格がない。もちろんフランス人であるから、閣議了解によってロシアのビザを取得しての渡航を自粛させられている日本人とは異なり、サハリン経由で渡航できないことはないが、国費留学生という微妙な立場でもあり、それもかなわない。一歩誤れば、日露仏の三重スパイとして「平成のリヒャルト・ゾルゲ」のレッテルを貼られるかもしれない、とさえ考えていた。

境界研究をテーマとしている身としては、境界地域の両側を自分の目で見たいというのが本音である。幸い私は、高校時代にロシア語を学んでいた。四島とのゲートウェイ（玄関口）に当たる根室に身を置けば、北方四島在住のロシア人が「パスポートなし・ビザなし」の交流で訪れる機会もあり、格好の研究フィールドと思われた。

私は修士課程で日露漁業問題の研究に取り組んだこともあり、かねてより根室市を境界地域として強く意識していた。戦前の根室の街は、北千島《きたちしま》からカムチャツカに向けた北洋漁業の拠点として活気に満ちていた。

だが、第二次世界大戦が終わると同時に、「見えない壁」が築かれ、人々は父祖伝来の伝統的漁場を失った。その上、領土問題という負の遺産を背負い続けている。そういう街の日常を自分の目で見ることは、ステレオタイプ的な歴史・外交・安全保障の言説に縛られた領土問題観とは異なる視座を獲得する絶好のチャンスに違いない。私は期待で胸を躍らせた。

領土という名の病

三カ月後の七月一日、私は初めて根室の土を踏んだ。根室のイメージは、一般に暗く、重い。メディアの報道に影響されている印象も多分にあると思われるが、やはり領土問題の存在が大きいと考えられる。

「ロシア人が漁業者を銃撃する街」「ロシアとの関係をこじらせる密漁者の巣窟」……。私がそれまで耳にしてきた根室の姿は、物騒でネガティブな印象ばかりであった。大学の知人はこうも忠告してくれた。「ソ連崩壊の少し前、北方四島水域では特攻船による密漁が多発し、それを報じるメディアによって根室のイメージは大きなダメージを受けてしまった。以来、市民はよそ者に対して強い不信感を抱いている。君も情報収集には苦労するだろう」と。

だが、それは違った。日本人でもロシア人でもない、「よそ者のなかのよそ者」である私に対して誰もが温かく接してくれた。返還運動の極めて忙しいはずの夏場の三カ月であったにもかかわらず、元島民の方々、返還運動の関係者も時間を割いて多くの話を聞かせてくださった。この場を借りて改めて感謝の気持ちを表したい。

翌年、今度は「専門調査員」という肩書きでさらに三カ月間滞在し、二年間で計六カ月間、私は根室市で過ごすことができた。

二度の滞在で最も印象に残ったのは、根室が自らを「国境の街」と表現できないことだった。日本政府が国境線を「択捉島《えとろふとう》の北」だと主張している限り、外交上この表現がタブー視されるのは理解できるが、「境界地域」とさえ呼べないことには驚いてしまった。ある日、外務省職員の前でこの言葉を使った瞬間、彼は「ここは境界地域なんかではない」と声を荒げた。

北方四島と隣接地域（根室市、根室支庁管内）に挟まれた根室

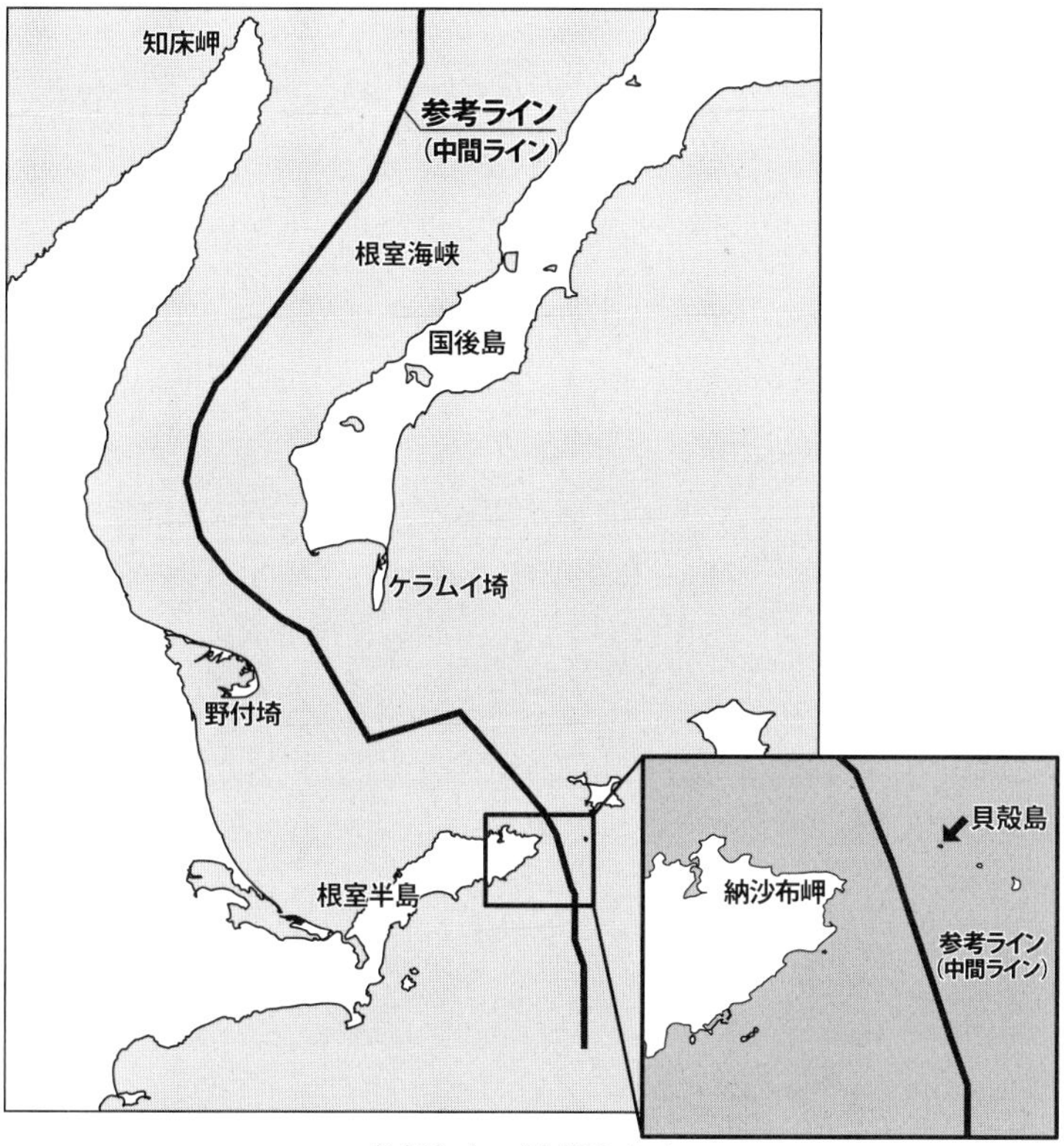

参考ライン（中間ライン）

海峡には、「中間ライン」が引かれている。海上保安庁は「参考ライン」と呼んでいるが、ラインで分断された二つの空間は事実上、自由な移動ができない。つまり客観的にみて根室は現実に「境界地域」である。

そもそも、「境界地域」という表現は、領有権問題に何の影響も及ぼさない。くだんの外務省職員のように、感情に走った否定的言動は全く説得力を持たない。現実を直視すれば、根室の人々は、「境界地域」という特殊性が生み出す社会経済的な困難さを訴えることさえ許されない。それを口にした瞬間、「地域エゴ」というレッテルで非難されかねない。

とはいえ、地域が自ら乗り越えることのできない困難の改善を国に訴えるのは自然であろう。にもかかわらず、「領土」という国家の大義名分によって、根室は実現の見通しの立たない領土返還をただただ訴え続けることしかできない。

だが同時に、根室市もまた長年にわたり、自らを「北方領土返還要求運動原点の地」の自負からか、返還要求運動以外の枠組みで街を発展させようとしてこなかったことも否定できない。

二度目の滞在となった二〇一四年夏、私のインタビュー記事が地元紙に載ったが、内容を見て驚いた。記事は、「根室市には魅力もなければ、発展の可能性もない」という印象を私が抱いている、と書かれていた。さらには、「魅力のない街・根室市」に残された道は「領土返還運動に専念することだ」とまとめていた。

インタビューした記者を批判するつもりはない。おそらく私の日本語がつたなく、真意が十分に伝わらなかったのだろう。だが、この場ではっきりさせておきたい。私が主張したかったことは全く逆である。「根室市を含む北方四島隣接地域は、日本国内の他地域にはない素晴らしいポテンシャルを秘めている。にもかかわらず、その潜在力を活用しようとする意欲が足りず、領土問題を意識しすぎて、返還運動ありきの振興策に頼りすぎている」というのが私の主張したかったことである。

しかも、この返還運動ありきの振興策はほとんど機能していない。そうした現状を目の当たりにしたとき、「パスポートなし・ビザなし」の交流で根室を訪れる北方四島在住のロシア人は、根室市および四島が関わる日本の行政地域には、「もはや将来性がない」というネガティブな印象を持ってしまうのではないか。それを危惧する、というのが私の一貫した主張である。

北方領土問題解決へ向けた環境づくりを求めるあまり、地域の自立した発展の重要性から「目をそらし続ける姿勢」、そして領土問題を歴史的側面からのみ主張する「後ろ向きの精神」、さらに、「日本固有の領土」という国際的には通用しない主張を何千回も繰り返すことで四島の返還を実現しようというファンタジー。

私はこれを「領土という名の病」と考える。この報告はその「病」に対処すべく、根室という地域のいまを紹介し、地域の資源やその生かし方を考察したい。そして現地で出会った人々のさまざまな声を分析していきたい。

根室へのアクセス

「日本本土最東端」の地・根室は、旅のロマンをかき立てられる。だが、最果ての地に至るアクセス方法は、意外と少ない。羽田空港や新千歳空港から空路（最も近い空港は中標津《なかしべつ》空港だが、便数が少なく、釧路《くしろ》空港からの方が便利）で、バスやJRで乗り継ぐか、レンタカーを借りるかしかない。航空運賃は、採算の合わない地方路線の「切り捨て」によって以前よりかなり値上がりした。一九九九年秋まで東京港（有明フェリー埠頭）と釧路港とを三二時間弱で結んでいた近海郵船フェリー航路はもはやなく、選択肢は限られる。

　釧路空港から入る場合、最もスタンダードな行き方は、空港連絡バスでJR釧路駅に向かい（約四五分）、JR北海道の花咲線《はなさきせん》に揺られるルートであろう。日本離れした湿地の景観を眺めながらの列車の旅が楽しめる。

　このコースのスポットと言えば、漫画「ルパン三世」を描いたモンキー・パンチ氏の故郷・浜中町《はまなかちょう》だろう。花咲線の列車のいくつかにはルパンとその相棒の姿が描かれており、私も浜中駅に停車した際、列車から降りて、ルパン三世風に「不二子ちゃーん」と叫んでみたことがある。周囲の目は気になったが、気持ちはすっきりしたことを覚えている。

　鉄道で約二時間半というのは、長過ぎると感じる方も多いだろうが、おそらく「鉄ちゃん」には最適な旅だろう。札幌駅からであれば、さらに四時間強、特急列車に揺られる必要がある。

　弱点は、といえば、運賃の高さだ（片道一万円台）。この値段はヨーロッパではありえない。釧路駅から都市間バスで根室入りするルートもある（約三時間一〇分）。釧路空港でレンタカーを借りれば、三時間強で根室に着く。

　中標津空港からであれば、空港連絡バスで根室駅前ターミナルまで一時間半強である（片道一八八〇円）。札幌からは、深夜直行の都市間バスで根室駅前バスターミナルまで八時間半を要するが、値段は片道七四〇〇円で、他のルートに比べると格段に安い。

　札幌でレンタカーを借りて運転するというルートもあるが、札幌市からは八時間以上走らなければならない。冬であれば、さらに一―二時間をプラスする必要がある。真冬は路面が凍るアイスバーンか雪道となり、峠やブラックアイスバーンの路面では特に慎重な運転が求められる。近年多発している爆弾低気圧でホワイトアウトに見舞われることもままあり、運転技術もそれなりに求められる。雪は内陸部ほど多くはないが、風はかなり強く、真冬の路面はアイスバーンのことが多い。

　高速道路（道東自動車道）が二〇一五年三月、釧路市の少し手前の白糠《しらぬか》インターチェンジまで延びた。数年後には釧路までつながる予定だが、それから先の根室まで延伸する計画はいまのところない。

ルパン三世ラッピングトレイン

いずれにしても長距離運転は、広大な北海道ではかなりの強行軍となり、あまり現実的ではない。実際には、空路で釧路空港か中標津空港に降り、空港レンタカーを借りるケースが多いだろう。根室市内にもレンタカーの営業所がいくつかある。だが、地元金融機関「大地みらい信用金庫」のリポートによれば、二〇一四年度のレンタカー利用度は低迷している。一方、夏場はキャンピングカーの利用者数が増えている。

レンタカーを使う場合、もう一つ厄介な問題がある。北海道では激増したエゾシカによる交通事故が深刻な問題となっており、中でも道東地域は多発地帯である。事故は夜明け前と夕方、いわゆる薄暮時が多い。しかも集団で道路わきから飛び出してくるので、仮に先頭の一頭をやり過ごしても、後続の二頭目以降と衝突してしまうことが多い。列車事故も多発している。レンタカーを運転する際には、くれぐれも注意していただきたい。

エゾシカが道路を横断

事故死したシカは肉に血が回ってしまい、食べられたシロモノではない。農家の作物や牧草、樹木となどを食い荒らし、民家の庭にまで押し入って盆栽も食べてしまう。狩猟や養鹿の肉であれば、適切な処理さえすれば、ジビエとしてレストランや居酒屋などでもてはやされるので、さほど活用されていないのは実に惜しい。

まちを歩く

「現在と過去に分断され、二つの空間に分断された街」。根室市に抱いた印象を一言でまとめれば、そうなる。

国道四四号に面した根室市役所をスタート地点にし、東に向かって街を歩いてみよう。すぐ隣は「北海道根室振興局」で、その東側にメインストリート「花咲町通り」が、国道と交差している。左に曲がれば、約一キロで根室港、右に曲がれば、約七キロ先に花咲港がある。

この交差点の右側には、ショッピングストア「マルシェ・デ・キッチン」(Marche de Kitchen)が建っている。フランス語と英語の微妙な組み合わせの店名にどきっとしながら店内に入ると、新鮮な食料品の山が見える。肉や野菜、焼きたてパン、地元産の海産物、お菓子などが所狭しと並ぶ。店内にはクリーニング取次店や宅配便の受付、ＡＴＭのほか、コミュニティーＦＭのサテライトスタジオまである。外観も近代的キッチンのデザインを意識しており、「根室の台所」と自称するだけのことはある。

その場で食べたり、おしゃべ

まちの風景

りできるイートインのコーナーもある。客の圧倒的多数は子供連れの主婦で、このコーナーが家族の団らんや主婦らの情報交換の場となっている。イートインコーナーの設置は、店内に活気をもたらす正しいイニシアチブだと感心した。寒い冬も、室内での「井戸端会議」であれば、凍えずに済む。

すぐ隣には「サッポロドラッグストアー」がある。店内は札幌の店とさほど違いはなく、品ぞろえに遜色はない。同じ敷地内には、楽器やメガネを売る店もあり、これらは大規模小売店として十年ほど前にオープンした。

さて、花咲町通りを花咲港方向に進むと、「ベスト電器根室店」があり、質の高い製品が並んでいる。ここでふと思い出したのは、根室には日用品販売のチェーン店がそろっているにもかかわらず、店内の客の数がさほど多くないと感じることだ。

大地みらい信用金庫の職員に尋ねてみた。すると、「昨今はネットショップを優先する客が増えてきたからではないか」という。確かに店へ出向くより、インターネットで商品を注文して自宅に配達してもらう方が便利だろう。運転免許を持っていない人や子育て中の主婦などは特にそうだ。

だが、それだけではないようだ。消費税増税や円安、燃料価格の高止まりなどで、市民の購買力低下が著しいという。業者側としても、仕入価格の上昇などコスト負担も大きく、小売業界は競争にさらされている。景気が良かったころの根室ではとても考えられなかった光景らしい。

根室に初めて足を踏み入れた旅行者が驚くのは、おそらく道路標識だろう。英語表記の下にキリル文字が併記されている。ロシア人にも標識が読めるように配慮した標識だ。さすがは境界地域である。

キリル文字が併記された標識

ソ連邦崩壊の少し前の一九九一年四月からカニやエビなどを満載したソ連の水産物運搬船が花咲港に入港するようになった。当時はゴルバチョフ大統領の訪日など北方領土交渉の進展が期待されたこともあって、日英併記を基本とする国道標識が、次第に日英露の三カ国語併記の標識に掛け替えられていったという。商店街にもキリル文字併記の看板が目につく。

中心街の散策を続けよう。ひとまずUターンし、花咲町通りを根室港方向に下って中心街へと向かう。振興局を通り過ぎて目に入るのは、歩道沿いの壁を飾る根室の歴史をたどる巨大な絵の数々だ。左手には八四年前に北太平洋横断飛行に初めて成功したリンドバーグ夫妻の絵が描かれている。千島列島を南下した夫妻は根室港に着水し、住民から熱い歓迎を受けた。向かいの壁には、アダム・ラクスマンが一七九二年に来航したときの光景が壁いっぱいに描かれており、根室市が国際的にも特別な場所であることが実感できる。

壁絵を過ぎると、右手に根室警察署と根室公園、左手に「イオン根室店」がある。このあたりから中心街の「緑町商店街」に入る。

街並みはきれいで、古典的な港町の商店街という感をもちながらも、日本の他地域にはあまりない温かな色の建物の組み合わせや、西洋アーキテクチャーに近い木造建物など、独特な雰囲気を漂わせている。美容室、エステティックサロン、洋服店、喫茶店、スナック、飲食店、居酒屋、カラオケ店、パチンコ店などさまざまな店がそろっているが、昼間に開いている店は少ない。

初めて商店街を散策したとき、週末の晴れた午後にもかかわらず、住民の姿はほとんど見当たらなかった。休みの日に散歩をすることはないのだろうかといぶかり、たまたま開いていた店に入って店員に尋ねてみた。「これが普通」だという。

リンドバーグ夫妻を描いた壁絵

まばらな観光客

二〇〇〇年代はじめまでの約十年間は、ロシア人も多く、商店街も賑《にぎ》わっていたが、いまでは平日だろうが週末だろうが、人影はまばらで、店に来るのは所用で立ち寄る市役所職員や漁業関係者、それに業者が多いという。

観光客もあまり歩いていない。観光客の多くはバスで移動する団体なので、商店街にはまず立ち寄らない。ホテルや旅館から直接、バスで納沙布岬や野付半島《のつけはんとう》など観光スポットに向かってしまう。食事もホテルなどで済ますため、中心街をそぞろ歩くこともあまりない。

滞在先の民宿「エクハシの宿」に観光で泊まっていたスペイン人夫妻が辛辣に批判していた。「この街の商店街は観光客を意識した対応ができていない」と。「街並みは独特な魅力をもっているのに、手作り土産の店ひとつ見当たらない」と夫妻は憤っていた。

だが、よくよく考えてみれば商店街は、観光客に対して、というよりはむしろ一般住民向けにサービスを提供している。これは国内のどの商店街もそうだろう。だとすれば、問題は住民たちが商店街の店よりもスーパーやコンビニエンス・ストアといったチェーン店へと足を向けている傾向にありそうだ。

かつて約五万人の人口を要していた根室市の人口はいま、二万八〇〇〇人を割ろうとしている。「街の心臓」だった商店街の活気回復を目指すには、おそらく市民の購買力に加え、観光客をもターゲットに入れる新たな戦略が必要だろう。

人影のない中心商店街

スペイン人の旦那は音楽好きで、「ジャズの街」として知られる根室の旅を楽しみにしていたという。路上のジャズライブを見たり、最果てのジャズの街ならではの楽器が店で手に入るかもしれない、と期待していたそうだ。

根室は、音楽などの芸術的分野で「夢を体験させる」ポテンシャルを秘めている、と彼は言う。駅前にあるジャズ喫茶「サテンドール」は、五人がけのカウンターとテーブル席だけのこぢんまりとした店だが、壁はおしゃれなレンガ造りで、ランプの光は優しく、渋い。ジャズが絶えず流れており、ゆったりとした時間を過ごせる。

ドンチャン騒ぎが大好きなスペイン人に、日本人が好む「静かな、大人しい賑わい」の良さを理解させるのは難しいかもしれない。もっとも、地中海周辺地域の人々は、自分の意見をなかなか取り下げない頑固者が多く、彼もその一人のようだったが、商店街のにぎわいは、遠くから聞こえる音楽隊やその他パフォーマンスなど、にぎやかで目立つ日常的なイベントが不可欠、とする意見にはうなずける。

「静かすぎる」というイメージの強い根室市だが、大都会の喧噪から逃れたい人にとっては、うってつけの場所である。観光客の期待も視野に入れ、日本人と外国人の好みの違いにも気配りしながら、バランスよく応えれば、街の将来は暗くない。

観光客へのもてなしについて議論する前に、観光客が容易に足を運べる環境を整える必要がある。根室・釧路の両管内への観光客の入り込み統計を見れば、アクセスの問題が浮き彫りとなる。

二〇一三年度に根室管内を訪れた観光客一八七万四〇〇〇人(一二年度一九二万三〇〇〇人、一一年度一七九万九〇〇〇人)。これに対し、釧路管内には六一八万五〇〇〇人(一二年度五九五万二〇〇〇人、一一年度五四一万六〇〇〇人)。こうしたギャップの大きな理由は、やはり根室にアクセスする交通インフラの不足だろう。

交通アクセスの充実した釧路市から一二〇キロ余り離れた根室市。距離を考えれば、本来、観光客がもう少し流入して来てもおかしくないはずだが、現実にはそうはならない。アピール力の不足が問題だという指摘もあるが、やはりアクセスのしづらさは、いかんともしがたい。

祭りとイベントのまち

根室市の魅力の一つは「祭り」かもしれない。日常の静けさを一変させ、熱き漁師魂を肌で感じる絶好の機会だ。夏から秋にかけての観光シーズンには、地域を支える代表的な水産物である花咲ガニやサンマのイベントも開かれている。

①ねむろ港祭り

七月中旬に開催されるこのイベントは、市の発展と大漁、操業の安全を市民みんなで願おうと行われている。にぎわいぶりをみれば、この祭りが市民にとって待ちに待ったイベントであることが分かる。新人歌手を招いてのコンサート、舟こぎレース、花火大会のほか、根室音頭に合わせて一〇〇〇人近くの市民が練り歩く「千人踊り」が繰り広げられる。市役所や振興局、もろもろの行政機関の職員も参加し、市民総出ともいうべき祭りとなる。

私も二〇一三年と翌年の二回、この踊りに参加した。男は漁師風の粋な浴衣姿で踊る。事前の練習があるわけでもなく、ぶっつけ本番で覚えていくのだが、フランス人の私でも意外と簡単に踊れた。

最初の年、私は下駄のサイズが合わず、足の先が血まみれになった。「痛み止め」として、漁協の皆さんに地酒の「北の勝」をどっぷり飲まされた。酔いのおかげですぐに痛みを忘れ、「これも漁師の知恵なのだ」と感心した。片手に握ったプラスチックのコップに次々とつがれる「北の勝」。それをグイッと踊りながら飲み干す。祭りがはければ、上司の音頭で行きつけのスナックへ直行し、カラオケを歌いながらなおも飲み続ける。それがこの祭りの流儀である。

このときふと気付いたのだが、人が閑散としている昼間とは対照的に、夜の歓楽街では路上にタクシーが並んでいる場所が何カ所もあり、居酒屋やスナックから出て来る客を待っていた。台数の多さから見ると、昼と夜とでは、商店街の人口がかなり違うようだ。日常の静けさと一変した街のにぎわいを肌で感じ、私にとっては良い社会勉強にもなった。

② 金比羅《こんぴら》神社《じんじゃ》例大祭《れいたいさい》

根室・金刀比羅神社の例大祭は「根室っ子の熱い三日間」と呼ばれている。毎年八月九日に宵宮祭、剣道大会、相撲大会、骨董市が催され、一〇日に本祭、一〇日と一一日に市内巡幸が行われる。特に市内巡幸は、御神輿が一二〇名ほどの若者によって奉担され、街を練り歩く。歩行者天国となった緑町通りには二百を越える露店があふれ、人々でにぎわう。道内でも有名な祭りの一つであり、明治二一年以来の伝統をもつ。詳しくは神社のホームページ（http://www.nemuro-kotohira.com/）を見てほしい。

③ 根室かに祭り

九月上旬、根室港特設会場で開催される「根室かに祭り」は、カニの産地として知られた根室市ならではのイベントだと言える。祭りの主役は、赤茶色の甲羅をした根室名産の花咲ガニ。大きな釜で丸ごとゆで上げられ、甲羅は鮮やかな朱色に変わる。他のカニでは味わえない濃厚さがやみつきになる。「♪〜花咲ガニなら日本一、一度食べたらやめられない」と歌われる「かに祭り音頭」にうなづくことしきりである。みそで味付けした鉄砲汁も実においしい。

「かに祭り」と銘打つだけに、花咲ガニだけを味わう祭りではない。大型テントの下では毛ガニやタラバガニなども大量に用意されており、食べ比べてみるのも一興かもしれない。

アトラクションの目玉は、「かに取り合戦早喰い競争」である。甲羅に鋭いとげのある花咲ガニを制限時間（九〇秒）内にどれだけ多く食べられるかを競う。このアトラクションに参加するために、日本各地から毎年のように足を運ぶ人もいる。過去には、甲羅にかぶりついて鋭いトゲがのどに刺さり、市立病院に緊急搬送されたケースもあり、祭りの実行委員会ではかぶりつきを禁じている。競争開始前に司会者が「甲羅にかぶりつかないで下さい」と再三アナウンスするほどで、まさに「命がけの勝負」なのである。

山のように並べられた蟹

アトラクションとしては、招待歌手や手品師、漫才師などもステージを務める。二〇一四年には、近くの岸壁に接岸された海上自衛隊の掃海艇「ながしま」の船内が一般公開された。

ボランティアで祭りを支える二〇代の若者も目立つ。この街で生まれ育った若者の郷土愛を実感する瞬間だが、地元の雇用率の低さから、やむなく街を離れ、札幌や東京などに職を得て戻って来ない者がほとんどだ。

④根室さんま祭り

「根室さんま祭り」は、おそらく全国的に名の知られているイベントの一つだろう。サンマ水揚げ日本ナンバー一を誇る根室市では、新鮮でとびきり脂の乗ったサンマが味わえる。地元のコンビニエンス・ストア「タイエー」の田家徹社長とその仲間が「日本一の水揚げがあるサンマで祭りができないか」と二三年前に始めた。無料で、しかも食べ放題という生サンマ（現在は容器代として一人一〇〇円を徴収）を炭火炉端コーナーで焼いて、産地ならではの味をたんのうしてもらおうという気っぷの良さが受けて年々規模を拡大。いまでは全国各地から観光客が押し寄せるようになり、根室に欠かせない盛大なイベントに発展した。若者の郷土愛が見事に結実した祭りである。こうした盛況ぶりに田家社長も「正直、期待以上だ」と驚く。

会場は「根室かに祭り」と同じ根室港特設会場。サンマ棒受け網漁船がすぐそばの岸壁に横付けされ、夜には会場全体が集魚灯でライトアップされて雰囲気を盛り上げる。会場周辺は、サンマの煙とにおいがたちこめ、食べ飽きている市民もつい足が向いてしまう。

ほかに、つみれにしたサンマを煮込んだ「刀汁」、「さんま節ラーメン」「さんまロール寿司」「さんま丼」「さんまザンギ」なども販売され、サンマ料理のフルコースを格安でたんのうできる。サンマのつかみ取り大会、ＹＯＳＡＫＯＩソーラン祭り、根室芸能・音楽祭などのイベントもあり、観光客はもちろん、家族、友人、職場ぐるみで朝から晩まで楽しめる。

こんな大きなサンマ、見たことある？

「日本の中のヨーロッパ」

根室半島にはいくつもの景勝地がある。中でも太平洋岸に面した浜松海岸は、「根室十景」にも選ばれている景勝地で、切り立った断崖が続き、スコットランドやアイルランドの海岸線の風景をほうふつとさせる。私はひそかに「日本の中のヨーロッパ」と呼んでいた。崖上に点々と並ぶ六基の風車も割と自然に溶け込んでいる。延べ六カ月間の滞在期間中に、私が根室という風土にそれほど違和感を抱かなかった理由の一つは、この地域の自然がどことなくヨーロッパに似ていたからだと思っている。「日本離れしている」と言っても過言ではない。

そう、ここは「日本の中のヨーロッパ」とも言うべき景観を有しているという事実を根室の人は知らない。円安で海外旅行がしづらくなった昨今、自然が好きな人にとっては、遠くて金のかかるヨーロッパより、距離的に近く、時差もなく、テロに巻き込まれる心配もなくヨーロッパに似た景観を楽しめるのが根室なのだ。

すでに散策のコースも整っている。「落石シーサイドウェイ」と名付けられたフットパスが整備されていて、特に六月末から七月上旬にかけては海霧の中でエゾカンゾウやヒオウギアヤメ、ワタスゲなどの高山植物が咲き乱れ、幻想的な気分を満喫できる。

テレビドラマ「北の国から」のロケ場所として使われた凪屋《なぎや》食堂、第二次世界大戦の際に敵兵を迎え撃つために掘られた塹壕《ざんごう》、かつてコンブの運搬などに使われていた馬も放牧され、強風にあおられて変形したトドマツの群生もある。根室観光インフォメーションセンター（〇一五三―二四―三一〇四）や道の駅「スワン44ねむろ」（〇一五三―二五―三〇五五）などでルートマップが売られている（二〇〇円）。

夏～初秋にかけての散策には、一つだけ大きな問題があることも指摘しておきたい。それは、アブが多いことだ。Tシャツ一枚という無防備な姿で散策した私は、無数のアブに刺され、さんざんな目に遭った。ヤブカとは異なり、刺されると、かなり痛く腫れる。自然とは、風景だけではなく、そこに生き物もいるということを思い知った。地元の人々は、そういうことをちゃんと知っていて、厚手の長袖シャツやスラックス、帽子、手袋など、万全の装備で散策を楽しんでいた。浅はかだったのは、私ぐらいのものだった。

落石シーサイドウェイ

「北の国から」ファンなら、こちらも必見
「純の番屋」（羅臼町）

北方領土を指呼の間に望む納沙布岬は、冒頭に述べた「日本本土最東端」である。望郷の岬公園では、「ノサップマラソン大会」や「北方領土まで歩こう会」などのイベントの開会式のほか、日本労働組合総連合会（連合）や日本青年会議所（JC）の返還要求集会なども開かれる。

ここは外国人観光客も多い。中国や台湾、韓国からの旅行客が比較的多く、彼らに尋ねると、「日本との国境線からロシアを眺めるため」などの声が聞かれる。日本外務省の職員であれば、「けしからん」と烈火のごとく叫ぶところであるが、外国人にとっては、ロシアが実効支配している以上、それが現実なのだろう。

彼らに領土問題そのものについて尋ねると、「知らない」「興味がない」「関係ない」と「ないないづくし」の反応が返ってくる。他国の争いごとには無関心、というのが率直な印象なのだろう。

残念なのは、夏の間は暖流と寒流がぶつかり、濃霧の日が多いことだ。せっかくの観光シーズンに、七キロ離れた歯舞群島・水晶島の島影どころか、三・七キロ先の貝殻島灯台でさえ見えないこともある。秋になれば、空は澄んで歯舞群島や国後島の島影がくっきり見えるのだが、すでに閑散期で人がまばらなのはなんとも惜しい。

奇観・車石

奇観といえば、根室車石が挙げられる。白亜紀（六〇〇〇万年～一億三〇〇〇万年前）の海底噴火によって高温のマグマが、海水を含んだ泥の層に触れて急激に冷やされ、放射状に固まった玄武岩だ。大小含めていくつかあるが、最大のものは約六メートルで、同心円状の節目が極めて美しいことから、一九三九年に国の天然記念物に指定された。車石とは、英語の「ホイール・ストーン」を直訳している。

車石からは眼下に花咲港を望むことができる。サンマ漁の最大拠点として知られ、水揚げ時にはＬＥＤ（発光ダイオード）の集魚灯をつけた大小の漁船が所狭しと並ぶ。

この港には、毎週火曜と金曜にロシア船が、北方四島などで漁獲されたカニやウニなどを運んで来るが、中にはカンボジアやシエラレオネ、ベリーズなど第三国に船籍を置いた「便宜置籍船」も急増している。第三国の船籍なのに、実際にこれらの船に乗り組んでいるのは、ほとんどがロシア人というのも笑える。

ロシアで一九九三年に採択された「ロシア連邦国内境界管理法」が二〇〇七年に施行され、ロシア船に対する取り締まりが強化された。そこで彼らは、第三国に船籍を移すなどの手口でアンダーグラウンドな操業を続けている。取り締まりを強化するたびに、新たな摘発逃れの方法が生み出され、水産マフィアと当局との「いたちごっこ」は続く。花咲港の岸壁で見慣れぬ旗を掲げた船が接岸されているのを見つけたら、それはおそらく「便宜置籍船」である。

根室管内に目を移せば、エビが背を丸めたような形の野付半島や世界自然遺産・知床の南半分を占める羅臼町など、多くの観光スポットがある。これらのスポットに共通しているのは、自然の美しさに加え、国後島の

長径が６メートルもある車石

暗躍する便宜置籍船

大きな島影が目の前に迫り、運が良ければ最高峰・爺爺岳（標高一七七二メートル）も見ることができることだろう。

かつては根室港から根室海峡を北上し、国後島を右手に眺めながら知床をかわして網走港に至るクルーズ船も不定期運航していたが、期待されたほどの乗客がなく、現在は運航していない。根室海峡の中間線に近い航路を通るため、国後島が実に大きく見える。周辺自治体などが連携し、再び運航できないか、修学旅行生や北方領土に関心のある人々に見せてあげられないか、期待したいところである。

「ヨーロッパ大陸・最西端」からのエール

根室市と根室支庁管内の自治体などで二〇一四年四月、「根室振興プラン策定協議会」が設置され、経済社会再生へ向けた具体的取り組みの検討が始まった。「振興ビジョン」というコンセプトが使われ、未来指向の創造的なプランの策定が期待される。

とはいえ、市が抱える課題は山ほどある。人口減少と流出、進む高齢化、地元産業の危機的状況、人の流れを作り出せない交通インフラの不足がそれだ。だが、それを口実に「創造性」を犠牲にしては身もふたもない。根室市を含む管内、そして道東は、十分なポテンシャルを秘めており、それを最大限に活用せず、失敗を恐れて限定的な政策にとどまるようであれば、最終的に地域のためにはならない。

しかし、財政難にあえいでいる根室管内だけに、大胆な発展策はとても望めず、国や北海道からの経済支援や知的サポートは不可欠だろう。なにより根室管内は、領土問題を抱えている限り、「普通」の地域ではない。逆にこの地域の疲弊を放置することは、領土問題そのものにも悪影響を与えかねない。地域の経済的・社会的な困難は、政府と地方が連携し、責任を持って対処すべき施策である。国や北海道庁をはじめ、地元企業、研究者、金融機関、国の研究組織が結集し、北方領土問題を考慮しつつも、この地域の戦略的発展の道筋について協議してほしいと思う。根室の「発展モデル」のイメージが生まれてこそ、政府による具体的なバックアップのかたちも明確になるはずだ。

悲しいかな、そうした「あるべきモデル」のヒントとなる事例は、日本国内には存在しない。そこで私は、海外の事例を参考にしようと思う。フランス人である私からみれば、ヨーロッパの大西洋沿岸地域に近い自然環境、産業・経済構造が参考になるのではないかと思う。

ヨーロッパ大陸において、大西洋とドーバー海峡に挟まれたフランス・ブルターニュ地方最西端の地・フィニステール県は、地理的な特徴や地元の社会経済構造からみて、根室地域に似ている。ここはフランス国内でも漁業・農業・観光産業の主要な拠点の一つであり、隣国であるイギリスとの国境を越えた交流も盛んで、観光分野でも確かな地位を築いてきた。にもかかわらず、政策が観光一辺倒だったため、次第に魅力を失い、人口の流出や高齢化に歯止めがかからなかった。

ところが、このフィニステール県が最近、新たな政策を打ち出し、再び右肩上がりの発展を始めた。ここで紹介したい。

地方型イノベーションクラスター

フランスでは二〇〇五年以降、「地方競争力強化クラスター」(Pôle de Compétitivité)が地元経済の活性化に寄与し、その将来性が高く評価されている。地方クラスターを開発する契機となったのは、金融政策関連法の誕生である。これは地域経済の競争力を高め、国営と民間の協力により、不況に苦しむ地域の振興を後押しする事業である。

一言でいえば、フランス版「地方創生」である。さらには国内企業の外国への過剰なオフショアリングに歯止めを加えることを目標としている。「地方競争力強化クラスター」の構成機関には、政府(担当省)及び地方行政府から補助金が与えられ、法人税の特別措置(経済特区に似たもの)の対象となっている。

フランス政府の閣僚、議員たちが地方クラスターの開発に力を入れ始めた背景の一つは、国内の地域間での経済・社会的格差が広がり、中小企業の先行きに不透明感が生まれたことによる。フランスは地域ごとに、独自の経済構造や自然環境を有しており、地元経済の活性化、地域社会の若返りのためには、イノベーションに賭けるしか道はなかった。

それゆえ、地方クラスターの基本方針は、特定の地域の特色に応じたテーマ設定を前提に、「地方経済の新時代」を築くことのできる分野に特化し、これが国家戦略と連動する産業連関を生み出す計画として進められた。

ブルターニュ地方には現在、三つのクラスターが存在する。最も人口の多いナントでは、ITイノベーションを軸にクラスターが設立された。ナントの特徴と言えば、海洋軍事都市であったことから、海洋軍事のITイノベーションが計画された。その結果、クラスターに対するイノベーション計画への引き合いは、ほぼフランス国防省となっている。

一方、ブルターニュ地方第二の都市であるレンヌでは、「エコ」を意識した農業「アグロ」のイノベーションをテーマにクラスターが作られた。計画への注文の多くは農林水産省が占め、地元農業のさまざまな課題解決、生産協力へ向けたイノベーションが地元中小企業や研究機関によって行われている。

三つのクラスターのうち、最も持続的に将来を期待されているクラスターは、ブレストを拠点としている海洋次世代技術専門クラスターの「ポール・メール・ブルターニュ・アトランティック」(Pôle Mer Bretagne Atlantique、アトランティック・ブルターニュの海洋テクノポリス)であろう。このクラスターは、ブルターニュ地方の大手・中小企業、国営・民間の研究機関、大学や高等学校といったネットワークで構成されている。

テーマは県の特色を示す「海」だ。ドーバー海峡と大西洋に挟まれ、周辺海域こそが経済的にも自然環境的に中心的な存在となっていた。

①海洋航路の安全、及び海洋災害防止・対処に関する新システムの開発②運航、及び造船システムの近代化③海洋・再生エネルギーの可能性を探る④海洋バイオ技術開発の推進⑤海岸地域の自然環境の保護・管理の五本柱がその方向性として打ち出されている。

その結果、ブルターニュで最も孤立した地域の一つであったフィニステール県は、今やフランス西部地域の中で最も元気な存在となっている。だが、そうなるまでは実に長い道のりを要した。端緒は一九七〇年代に始まった高速道路ネットワークの建設であった。

根室市役所

日本でも同時期、国土交通ネットワークの充実を目指した田中角栄内閣の日本列島改造計画が存在した。だが、これは東京のみを意識したもので、境界地域をネットワークから疎外する役割しか果たさなかった。

根室だけでなく、北海道全体にも言えることだが、地方の特徴を生かすイノベーションに適したポテンシャルを秘めている一方で、都市空間を除いた地域の交通ネットワークの状況は遅れている。中でも道東は最も遅れた地域であり、根室は道東の中でさえ孤立している。JR北海道の昨今の動きをみていると、近い将来、根室から鉄道駅がなくなる日も来るのではないかと危惧している。

この現状を打破するには、イノベーションの可能性を探ることだ。根室の暮らしは「刺激がない」とよく言われるが、研究への集中力を最大限に引き出す静かな環境は、それこそイノベーションにとってまたとないチャンスである。

他方で、十分な基礎体力も必要だろう。地元の数少ないリソースである「観光資源」を集約し、地域の魅力を磨くことが先決だ。道東・根室管内が「エコ」を極めた未来志向の発展モデルの道を歩む日が訪れるのを心から願う。

Ⅳ 北方領土問題の現場 ―外交と返還運動の狭間

根室の苦悩

延べ六カ月間、私は地元のさまざまな声を耳にしてきた。ここではっきり言えるのは、「国境」と呼べない街・根室の苦悩はとてつもなく深い、ということだ。生まれ故郷の島に自由に行き来できない無念さ、目の前に広がるかつての漁場が失われ、そこで操業できない悔しさ、勢いの止まらない人口減少……。街に将来性を感じさせるものは、極めて限られている。

しかし、このような状況に追い込まれた地元にとって最も辛いのは、そうした「境界のジレンマ」を声を大にして訴えることができないということだろう。私は多くの方々の肉声を現場で伺った。そのときでも、「自分の名前を出さないでくれ」という約束を求められるケースが少なくなかった。「公務員という立場上、政治的批判と解釈されたくない」「右翼団体から苦情の電話が来る」などの理由で。だが、声なき声を伝えるのは研究者の仕事の一つでもある。差し障りのない形で、できるだけ率直に地域の本音を再現したい。

市役所の役割

リサーチ・インターンシップとして二〇一三年、根室市役所北方領土対策課の職員の方々と日常を過ごした経験から私は以下の確信を得た。それは、返還運動の「影のサポート」役をこなす彼らの仕事ぶりが十分には評価されていない、という事実である。

彼らの仕事を簡単に説明しておこう。まず北方領土問題の認知度を高めるべく、地元や国内での啓発活動が挙げられる。具体的には、日本各地で開催される返還運動関係のセミナーに参加し、領土問題の歴史的経緯や現状を説明する役割である。

次に政府機関や地元、または日本各地の民間団体と連携を行う。具体的には、返還要求関連のイベントに関わる会場設営、外部団体の受け入れ事業、ビザなし交流への対応などである。

さらに領土問題における日本政府の立場を説明し、広報する業務もある。これらはすべてある意味「厳しい力作業」だ。疲労がたまり、体調を崩す人も多い。なにしろ夏の返還運動イベントはたいてい週末に開催される。土日を問わず朝六時から会場の設営が始まり、たいていは夜中までかかる。過酷な勤務スケジュールが続くため、家庭の破綻を恐れて異動を願い出る職員もいた。出張も多く、ストレスを発散しようと過度の飲酒で体調を崩す職員も多い。

「北方領土ノサップ岬マラソン大会」表彰式

フランス人の感覚では、まるで理解できないことも多い。そもそも民間団体が行うはずの運動をなぜ市役所が公務としてサポートするのだろうか。領土が返還されないため漁業や貿易が自由にできず、市の経済社会状況は限界に達しているというのに、すぐには改善できそうもない返還運動に、なぜここまで縛り付けられなければならないのか。

根室市役所北方領土対策課の織田敏史課長が答えてくれた。

「おっしゃりたいことはわかります。まず、北方領土問題の解決は国による外交交渉で達成されるものですが、その後ろで支える国民運動が必要です。とりわけ根室は『北方領土返還要求運動原点の地』として、いかなる事態や環境になっても、これを推進して行くことに揺るぎはありません。また、北方領土返還運動の中心的存在である元島民の方々の平均年齢がすでに八〇歳を超えている現実も重いと思います。運動をすべて彼ら自身で行うのは体力的に不可能ですし、彼らも市民ですから、市役所が援護を行うのは当然のことと思います。もちろん国民運動のあり方について問題がないとは言いません。私たちのなかにもマンネリ化についての危惧はあります」と。

四島おにぎり

私も運動の現場に足を運び、「マンネリ化」を痛感したことがある。二〇一四年夏、根室を訪れた団体の主催するイベントが開催された。団体代表たちは次々と演説を行ったが、そのほとんどはロシアに対する感情任せの非難、与党の活動を持ち上げるだけの発言、戦時に命を落とされた方々への郷愁であった。これらがセットになると、愛国心を喚起するだけの政治的なアピールでしかない。

「返還運動」において現実に求められているのは、むしろ、領土問題の解決を一刻も早く実現させるための具体的な議論や提言のはずだが、彼らにそのような姿勢はない。やや乱暴な言い方をすると、たまったフラストレーションを根室に来て思いきりぶちまけ、自分たちだけスッキリするといったセレモニーである。

これではマンネリどころか、「運動」の意義すら理解不能になる。いや、根室には、一種の「呪い」のような彼らのフラストレーションが蓄積されていく。これではロシア政府の幹部から「あれは単なる儀式だ」と皮肉な批判を浴びせられても、反論は難しい。

地元の本音

地元の声を聞いてみた。「市役所は耐え難い立場にあるようです。同時に二つの重い使命を強いられているからです。市の役割とは、本来、市民の生活を守ることであり、街が直面している諸問題に全身全霊で取り組むことだと私は思います。根室市では事実、領土問題が未解決であるがゆえに生じている深刻な経済・社会的な課題が数多く存在します。その中で苦しんでいる市民の方々も大勢います。しかし、市役所はなかなかこれに満足に対応出来ないようです」と代弁してくれた人がいた。

北方領土返還祈願フェスティバル

イメージキャラクター
北方領土エリカちゃん

彼は続ける。「おそらく原因の一つは、国がそもそも主導で取り組まなければならない返還運動ですが、これに役所も積極的な関与が求められているからです。運動は確かに大事でしょう。しかし、これはとても大変な作業であり、多大なエネルギーと努力が必要です。同時にこなすのは容易ではありません。街の振興を考えるか、運動をがんばるか、中途半端にみえるときもあります。市役所はこのどちらにも一生懸命取り組んでいます。にもかかわらず、役所は地域の将来を真剣に考えていない、役所は返還運動に熱意がこもっていないと叩かれ、政府からも批判を受けます。根室の役所は小さな存在です。あまりに荷が重すぎるようにみえます」と。

市が奮闘している姿を目の当たりにした私にはよく分かる。だが、長年にわたって自ら「北方領土返還運動原点の地」と名乗ってきた自治体としての責任もありそうだ。市役所の活動を積極的に支援してきた地元の方の意見をもうひとつ紹介する。「いつの間にか甘えの構造ができてしまったのかもしれない。返還運動を続けていれば、市の負担を軽減させる支援が国から来るのだから。当初は、返還運動を推進すれば、いつの日か領土問題が解決して根室は活気を取り戻す。そう期待されていたのだろう。しかし、いまだに領土問題の解決の道筋はみえず、状況は危機的な水域に入っている」と。

二〇一四年五月、民間シンクタンクである日本創成会議（座長・増田寛也元総務相）の調査報告では、人口流出と少子化により二〇四〇年代に消滅しうるとされた自治体リストに、根室市も入っていた。北方領土問題等の解決の促進のための特別措置に関する法律（北特法）の特別措置により、隣接地域の振興を目標とした基金が準備されているのは確かだが、その規模は隣接地域の振興どころか、市が背負う負担軽減にも至らない。政府がこの悲惨な現実を理解しているとは思えない。

逆に「これだけ支援しているのだから、地元はこれからも領土返還運動に専念すればいい」という上から目線の対応しかみえない。政府にとって根室の価値はその程度のものなのかという失望感すら覚える。地域の事情が異なるとはいえ、振興プランの実現という意味では、沖縄県がうらやましい。「われわれも基地に劣らないほどの負担を背負っているのに」と。

かつては根室を「おとぎの国」のように思っていたロシア人の島民から、現在は逆に「根室は大丈夫か」と心配される状況にまで陥っている。この屈辱感は言葉にできない。

私の意見を率直に言おう。返還運動イベントでの発言の一つに、「国民の皆様が一丸となって北方領土返還を訴えること、そして地元の皆様が返還運動を展開することこそが四島の返還につながる」というものがあった。

これを裏返せば、私にはこう聞える。「四島が返らず、万が一、問題解決が自分たちの期待する以外の結果に至った場合、それは国民の皆様が一丸になっていなかったからだ。地元の方々が十分な運動を行ってこなかったことが原因となる。われわれには責任などない」と。

政治責任の放棄に近いこの種のポピュリズム的な発言は、領土問題をめぐる政治・外交トップの力量と誠実さを疑わせる。さらに「失敗」の責任を地元に丸ごと放り投げる形になっており、驚くべき言葉だ。

他方、地域自らを「北方領土返還要求運動原点の地」と称し、政治家たちの「責任の押しつけ」をすんなりと受け入れ、同時に、両立が難しい「街の振興」と「返還運動」という荷を背負いこんだ市に、考え直さなければならない点もあると思う。

元島民の無念

北方領土問題の現状と向き合う元島民たちは、実際にどのような心情にあるのか。いろいろな方に話をうかがってみた。しかし、建前と本音が複雑に混ざり合っており、確かな結論を得ることはできなかった。その中で、冷静かつ現実的な見解をもっていたのは、長年にわたり返還運動に携わってきた北方館の小田嶋英男館長である。

「連盟設立の契機となったのは昭和二六年ごろでしょうか、根室に住んでいた元島民の方々が「島の会」を作り始めました。いま根室市に暮らす元島民のほとんどは歯舞群島と色丹島、国後島の出身の方々です。択捉島からの引き揚げ者は、函館、富山、新潟へ多くが流れました。当時は本格的な領土返還運動はまだありませんでしたから、故郷を失った者同士で島の思い出話をする同窓会のような集まりでした。政府に対して彼らが主張したことは、島の返還よりも、ソ連による強制退去で失われてしまった元島民の生活権を確保してほしいというものでした。千島歯舞諸島居住者連盟が正式に設立され、政治的な活動が本格化するのは、一九五六年に日ソ共同宣言が署名された後のことです。根室市の元島民の約六割が歯舞・色丹の出身者だったため、一時は『二島で領土問題は決着か』というある種の諦めも漂っていました。運動は、日本政府が四島を正式に要求する決意をしたため、その後押しをするべく活発化していきます」と。

私はさらに「千島」が何を意味するのか、これは「択捉・国後・

羅臼の展望棟から国後島を望む

色丹を含む千島、及び歯舞群島なのか」尋ねてみた。小田嶋館長は、こう答えた。「元島民の方々の認識では、択捉島と国後島が千島であることは確かです。色丹島は微妙で、千島の一部であるかどうかははっきりしません」。

「元島民の方々は、いつか島に帰れると思っておられますか？」と尋ねると、「率直に申し上げれば、元島民の多くがその希望を捨てざるを得ない状況です。現実的に考えても当然です。仮に、領土問題の解決が政府間で明日、合意されたとしても、あくまで『合意』です。島に日本の主権が自動的に戻るわけではありません。『合意が実施されるのに少なからぬ時間がかかるでしょうから。仮にそれが実現したとしても、北方領土で元島民の方々が日常的な生活を営める環境はすぐには整いません。生活の基盤作りの時間も考慮しなければなりません。現在、根室では一三〇〇人余りの元島民が暮らしていますが、これらの条件が全て満たされたときに、どのくらいの方がご存命でしょうか。『元島民の本音は二島か四島か』とよくマスコミは問いかけますが、『元島民にはもう時間がない。疲労が続く中で最終解決がどんな形であれ、一日も早く結論を出してほしい』という気持ちが強いと思います。元島民の方々も人間です。これだけ長い間、期待を裏切られ続けられれば、希望など失われてしまいます。元島民の方々が、いま運動の後継者育成に力を入れ始めているのも、これが理由です」と答えた。

小田嶋館長の話を聞いて私は「元島民の方々が故郷へ戻れるよう、領土問題を解決しよう」という耳あたりのいいフレーズが実に残酷なものに響くようになった。「いま優先すべき取り組みは、領土問題が未解決なままであっても、元島民の方々が好きなときにいつでも島を自由に訪れる環境づくりではないか」と思うに至った。「元島民たちの心の深い傷を癒す、人間的な対応が、いま一番求められているのではないか」と。

漁業者たちの現実、未来への不安

地元経済の八割が漁業と水産加工業に依存している根室にとって、漁業者の存在は地域の死活的存在である。「見えない壁」によって、かつての漁場で操業する道を閉ざされてきた彼らの苦悩は深い。豊饒の海を目の前にして、自由に漁ができない。まさにギリシャ神話の「タンタロスの飢え」だ。生活苦ゆえ、かつては生き延びる手段の一つとして、密漁に走ってしまう人々もいた。

ソ連崩壊の少し前まで「特攻船」という小型の高速密漁船が北方四島水域で活動し、いまだに身に覚えのない漁業者までその汚名を被っている。だが密漁のみを語るのは必ずしも現実に基づいたものとは言えない。根室市役所の佐田正藏総務部長はこう話す。

家族総出でコンブ干し

「北方四島水域での密漁行為は、資源保護の観点からみても、ロシアとの良好な関係を地元レベルで維持する観点からみても、好ましくありません。市役所も根室振興局も密漁をやめさせようと繰返し呼びかけています。密漁を行う側が悪いのは確かですが、弱い立場に置かれた漁業者を密漁行為へと駆り立てようとする人たちも悪い」。

多くの国民は「北方領土問題が解決し、操業できる水域が拡大すれば、根室市を含む隣接地域の漁業は元気を取り戻し、日露関係も改善するだろう」と思われているに違いない。だが、ことはそう単純ではない。

例えば、貝殻島コンブ漁はロシアが支配する海域で例年六月から行われているが、二〇一四年度は四月下旬まで居座った流氷の影響により、過去最低の一九八トンに終わった。過去一〇年間の生産量は二〇〇九年度の四三〇トンをピークに五年連続で落ち込む（『北海道新聞』釧路・根室版二〇一五年四月二三日付など）。流氷が早くなくなった二〇一五年度のコンブ漁は豊漁が期待されているが、地球温暖化による海水温上昇など長期的な影響を危ぶむ声もある。

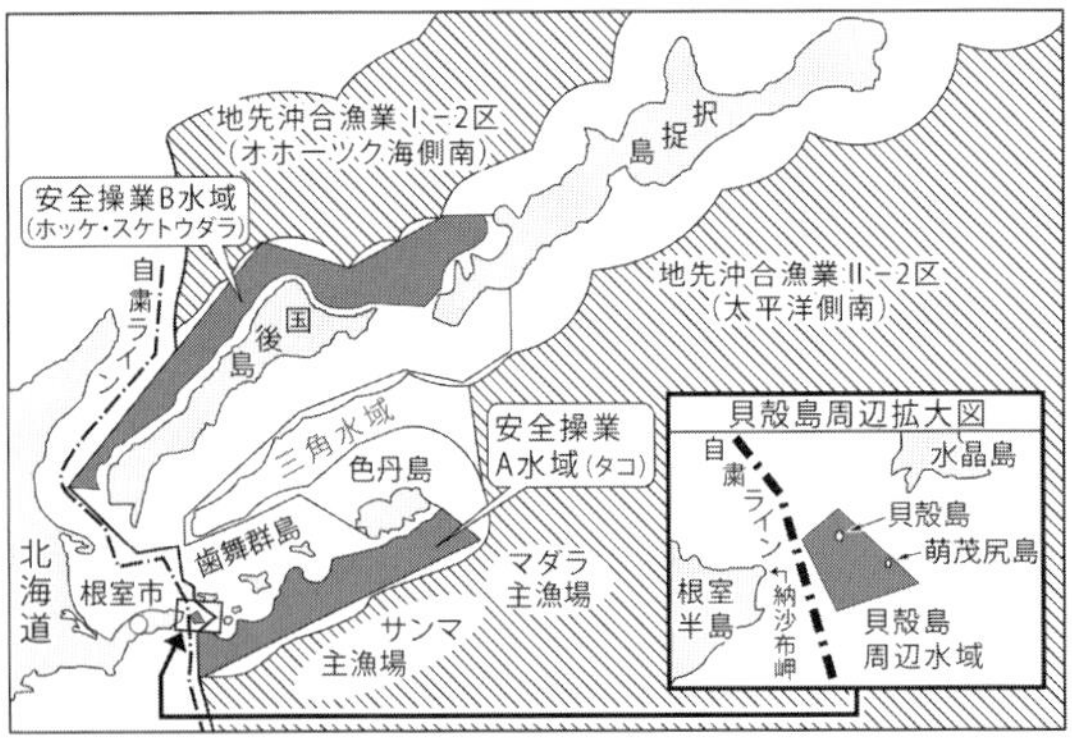

北方四島周辺の操業海域概略図（原図作成・根室市）

コンブだけではない。多い年では年間一〇〇億円の水揚げがあるサンマ漁の行方についても不安はある。「ここ数年、サンマの魚群は道東沿岸部から遠ざかっており、遠くの漁場で操業しなければならなくなっています。報道によれば、二〇一〇年に比べれば水揚げ量はやや改善に向かっているとされますが、これは遠い漁場で操業する船が増えたからでもあります。たとえ魚がとれても燃料代がかさめば漁業者の負担は増える一方です。さらにここ数年、公海で操業する中国や台湾の漁船も増えています。彼らがどれだけ捕っているのかも分かりません。不気味なだけでなく、資源枯渇が心配です」とは率直な漁業者の言葉だ。

領海や漁業水域は、あくまでも「人工的な概念」であることを忘れてはならない。海をめぐる自然環境の変化が、魚群の回遊やコンブの生長などに影響を与えるとき、その水域の拡大が必ずしも地元漁業にプラスになるとは限らないことも知っておくべきである。自然環境の乱れが北方四島を含む北海道周辺水域の漁場にどのような影響を与えるか、科学的な観点から注視すべきであろう。

「漁業を再生可能な形にするため、北方領土問題をどのように解決するか」を考えるよりはむしろ、①自然環境の変化という予測が難しい不安定要素を考慮すると同時に、北方四島と隣接地域の経済が漁業と水産加工業にのみに依存している状況を再検討する②経済的な打撃を受けている家族経営の漁業者の生活支援のあり方を考える、といった現実的なアプローチが不可欠だろう。

同時に、周辺水域における第三国漁船のプレゼンスの強まりも無視は出来ない。サハリン州代表上院のゲオルギー・カルロフ議員は、二〇〇八年ごろから北方四島水域で急増する台湾漁船のサンマ密漁に警鐘を鳴らしている。この危機感に日露間の相違はない。先に言及したように、北方領土水域では便宜置籍船を使って操業する「よそ者」による密漁も活発化している。

北海道庁とロシア国境警備局が二〇一三年に行った洋上会談で、ロシア側は「拿捕された便宜置籍船の乗組員はほとんどがマガダン州やカムチャツカ州出身のロシア人であり、これらの地域は漁業の構造的な問題を抱えており、便宜置籍船で密漁を行う漁業者が爆発的に増えている」という。

仮に北方領土問題が解決し、日本の漁業者が操業できる水域が広がったとしても、他地域から越境して操業する密漁者を取り締まるのは容易ではない。へたをすればローカル・レベルの日露関係を緊張させる危険性すらある。

海の自然環境の変化と第三国籍漁船の急増によって懸念される水産資源への影響は、日露両国が共有すべき将来への課題である。領土問題の存在が、同じ海を分かち合う両国の協力を疎外し続けるとすれば、両国の漁業者にとって不幸である。

ロシア人島民の見解

北方領土問題を解決するという観点からみたとき、根室市及び根室管内、さらにいえば道東の経済がいま直面している停滞がこれ以上続くことは、日本の利益にはならない。これが領土問題で苦しむ地元を見た私の出した結論の一つである。

主な理由は二つ。領土問題の解決というシナリオを想定したとき、それがどういう形であれ、日本が島の主権を取り戻すことは、同時に現在のロシア住民を保護する責任を引き受けることになる。ところが、問題が解決した後の将来像についての論議は、ほとんど行われていない。

返還後のことを真剣に考えないことは、ある種のリスクを意味する。例えば、島に暮らし続けるロシア島民たちの不満がそれだ。エストニアでは、ソ連解体後にロシア人住民を引き受けながらも、経済的・社会的に放置したままにした結果、ロシアとの国境地域ナルヴァに暮すロシア系住民の人権問題をめぐりロシア連邦と緊張が広がり、それはいまも続いている。これは領土問題がたとえ解決できたとしても、新たな緊張が続くことを意味する。

北方領土のロシア島民には、ソ連の極東移住奨励策を通じて、島に住み着いたウクライナなどの旧共和国出身者が多い。彼らは、ソ連解体後も、自分たちの祖国に留まったロシア系住民への厳しい扱いを認識しており、日本が自分たちに対して同じ扱いをするのではないか、と危惧している。

ビザなし交流で彼らは日

北方四島に暮すロシア人との交流

本の国会議員たちに「島が日本領になったら、われわれに出て行けというのか」と判で押したように繰り返す。日本政府は、島に暮らすロシア島民の生活を放置したままにして、故郷であるロシア本土へ移住せざるを得ない状況をつくるのだろう、と考えているからだ。

ロシア島民にとって、日本が言う「残っても良いです」という言葉は、具体性のない口約束に過ぎない。彼らが期待するのは、日本側が描く島の具体的な未来像と、将来における彼らの具体的な役割である。ただ、自分の選挙区であるはずもない国会議員にこの種の要望を投げかけても、とても親身になってもらえそうもないのであるが。

だが、より深刻な問題がいま浮き彫りになっている。二〇一三年に根室を訪れた島に暮らすロシア人から、「『驚異的に発展し続けるサハリン州から切り離された上、経済的・社会的に将来が不透明になっている根室に自分たちが依存するメリットなどない』という考えが広まっている」と聞いたからだ。

ロシア人の論理を理解するには、彼らの目線で物事を考える必要がある。日本でよく使われる「北方領土のロシア化」なる表現は、島が日本領だとする前提で考えると理解できる。しかし、ロシア人島民にとっては四島がロシア領であることが前提である。そうである以上、「ロシア領」を「ロシア化」するという言葉の意味を彼らは理解できない。

では、彼らは果たして島の発展のシナリオをどう描いているのだろうか。ここでは「ロシア化」ではなく、「南クリル地区とサハリン州の統一化」、もしくは「サハリン州の行政体のひとつとしての島の確立」がテーマとなる。

新党大地の鈴木貴子代議士は自身のブログで、「四島と日本との人の交流や物流が領土問題解決への重要な役割を果たす」という見解を示したことがある。

私はこの意見に同感するが、なおも欠けている点があるとすれば、それは、人の交流や物流という図式は、日本と北方領土だけでなく、北方領土とサハリンにも通じるということだろう。いまの「クリル諸島社会経済発展計画」が始まるまで、サハリン島と北方領土との交流は皆無に近い状態で、「サハリン州」の行政は島では事実上、機能しておらず、資金、技術、人、物といった流通は限定的であった。

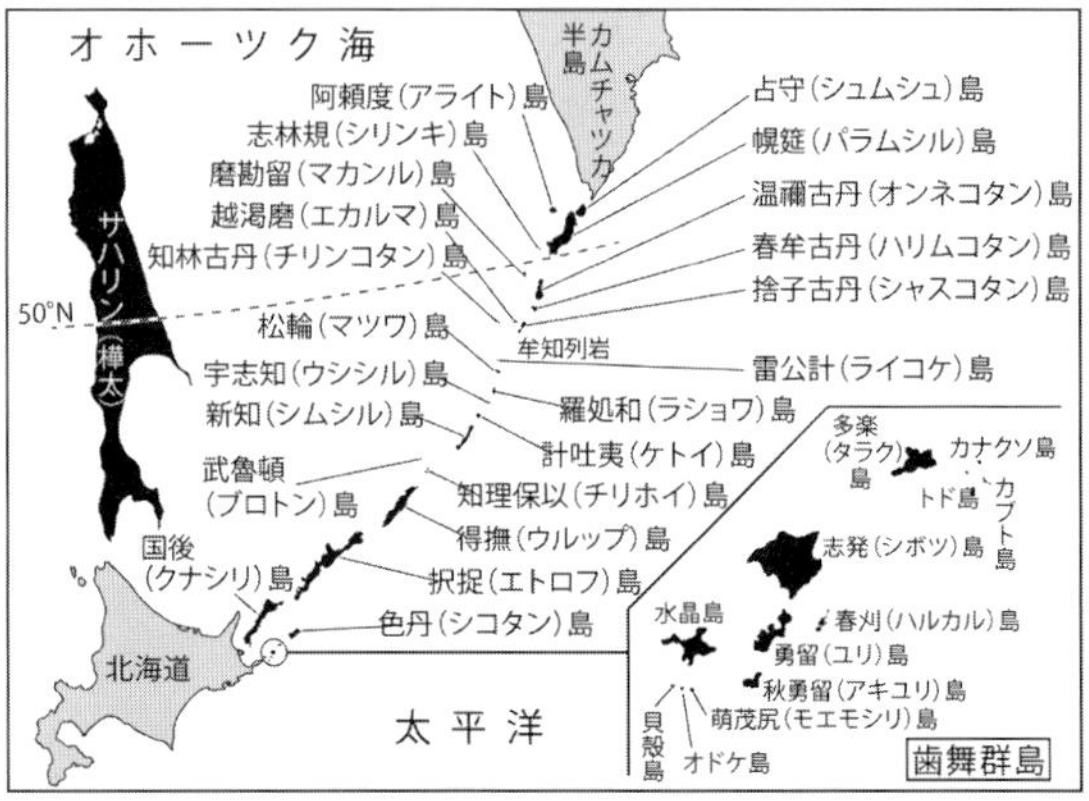

北海道・千島・サハリン

だが時代は変わり、サハリンと北方領土をつなぐ運航インフラも近代化しつつあり、資金や技術も島に流れるようになった。人的交流のスケールは、日本との「ビザなし交流」を圧倒する。一例を挙げれば、二〇一三年上半期だけで一万三〇〇〇人以上がサハリンと北方領土を往復している。

二〇一三年八月にサハリン州を訪れたプーチン大統領は、クリル社会経済発展計画の中で、サハリンと南クリル（北方領土）を結ぶ航路の確立が最優先課題だとアピールした。いまや両地域を往復するフェリーは「イゴール・ファルフトジーノフ号」「ポラリス号」「サハリン・ヴォーシェム号」と三隻を数える。北方領土の住民たちはサハリンの石油・天然ガス開発、漁業マネーによる発展ぶりを目の当たりにし、日本の隣接地域の現状と無意識に比較してしまう。その結果、十年ほど前まで根室に対して抱いていた期待と親近感が、今では著しく薄れてしまったように思う。

日本の報道によれば、二〇一四年に決定された「二〇一六―二〇二五年のクリル社会経済発展計画」でロシア政府が六八四億ルーブルを注入するとあるが、これは事実と異なる。サハリン州行政府のウェブサイトや地元新聞によれば、プログラムの予算を連邦政府とサハリンが分かち合うとされている。その中には八八億ルーブルの予備費（島々に進出したが、経済的困難に立たされている企業向け支援）が計上されており、問題がなければこれは支出されない。残る五九六億ルーブルのうち、サハリン州が三〇三億、連邦政府が二九三億ルーブルを負担することになっている。

サハリン州が予算の半分以上を負担するという事実は、「北方四島のロシア化」ではなく、「ロシアのなかの脱中央」、つまり「北方四島のサハリン化」を意味する。ロシア島民は、もはやサハリン州のみをあてにし始めている。

加えて、根室への期待の低下は「パスポートなし・ビザなし」交流の現状によって加速化されている。「ロシア島民の受け入れ事業は、根室管内が中心であるべきだ」と私は思うが、実際には札幌、東京、沖縄への旅行や研修などがロシア島民、とりわけ若者に人気なのはいうまでもない。

中年以上のロシア人は、こうした交流の現状について、「隣接地域、つまり根室管内以外の場所に住めというシグナル」だと受け止めている。「日本はそもそも島も根室も発展させる気持ちなど毛頭ないのだな」と。「パスポートなし・ビザなし」交流で訪れたロシア人が、北方領土隣接地域の経済・社会状況について直接、問いかけ始めたのも、こうした憶測を裏付けしようという気持ちの表れであろう。

事態はかなり進んでいる。そしてこれは、今後の外交交渉にも悪い影響を及ぼすであろう。ロシア人の人権や利益擁護の観点から、ロシア政府は「北方四島はサハリン州の一部として残った方が住民にとってメリットがある」と今後、ますます主張しやすくなるであろう。

このとき、島の主権を外国に渡すことを望む住民などおそらくいない。「場合によっては日本への返還もありうる」としていた一九九〇年代とは全く逆の様相が生まれつつある。私には北方領土に暮らすロシア人がいずれこう言い出すのではないかと予想している。「根室は大変ですね。どうですか？　ロシアの主権下で発展する私たちの島に移住して一緒に暮しませんか。ロシアはあなた方の生活を保証しますから」。根室や隣接地域の将来はいま、真の危機に直面している。

解説

ボーダーの「見えない壁」

四方を海に囲まれた島国・日本。その外縁部、フロンティアとも言うべきボーダー（境界地域）は、他の地域では想像もつかないような独特の悩みを抱える。

「見えない壁」。根室海峡にそびえる不可視の境界線の別名である。「ベルリンの壁」や「三八度線」とは異なり、目には見えない。だが、ひとたび越境しようとすれば、銃撃されかねないという点では何ら変わらない。尖閣諸島に近い与那国島も、台湾有事や中国の海洋進出の射程内にある。

このように日本の境界地域の中には、海にそそり立つ「見えない壁」にほんろうされながら日々を送る人々がいる。そうした現実は、その地に身を置いた者にしかおそらく分からない。本書は、日本最西端の沖縄県与那国町と本土最東端の北海道根室市に滞在した研究者が、「第三者」の視点で見た報告である。

目の前に広がる大海原に「見えない壁」が立ちはだかり、その向こう側に異文化圏の人々が暮らす、という現実。それは、透明な一枚のアクリルグラス越しにパラレルワールドが存在しているようなものだ。与那国町も根室市も似たような悩みを抱え、「壁」の向こう側の世界と思うように交流が進んでいない。

立ちはだかる「ことばの壁」

「壁」はいくつもある。まずは「ことばの壁」から話を始めよう。台湾・花蓮市から姉妹都市の与那国町に毎年届く文書の翻訳を頼まれた舛田佳弘研究員は、「これまでの誘いにはどう対応していたのでしょうか」と尋ねた。すると担当課長は「内容がわからないので放置していた」と答えた。

翻訳できる職員が役場にいないため、返答すらしていなかったというのである。童謡「やぎさん ゆうびん」（まどみちお作詞）であれば、読まずに食べてしまった手紙の用件を手紙で照会しており、最低限のキャッチボールが成立している。だが、「内容がわからないので放置していた」では、キャッチボールにすらならない。これでは交流が進まないのもうなずける。

それでも花蓮市は、同じような誘いの文書を毎年、与那国町に送っていた。「懲りずに送ってくる花蓮市の方が無頓着なのか。（中略）『だめもと』で送っている可能性も高いと思われる」。そうあきれるのは、中国語と日本語に精通した舛田さんが、極めて常識的な日本人であるゆえだろう。

隣接する異文化圏をつなぐ役割として、いずれの言語も操れる人物がいて、ときには双方をつなぐコーディネーターとしての役割をも担う。それは、バイリンガルの舛田さんが青少年の交流の場で、「ＡＫＢ48のマネージャー」のような存在として頼りにされ、「かけはし」としての醍醐味を味わったことからもうかがえる。

仮に、二度目の嘱託専門員としての着任で「毎年届く文書」の翻訳を頼まれなければ、おそらく花蓮市で開催される「森巴（サンバ）大会」への参加も、後へずれていたか、最悪の場合、「懲りずに文書を送ってくる」こともなくなり、参加の機会が永遠に失われていたかもしれない。

　ことばの異なる異文化圏から届いた文書をきちんと翻訳することで、交流がステップアップした好例である。それは、「ロシアが実効支配する北方領土」という異文化圏と隣接する根室市の場合も当てはまる。

　根室市の場合、ロシア語のできる人材の登用は早かった。「ベルリンの壁」が崩壊し、ゴルバチョフ・ソ連大統領の訪日によって北方領土問題解決の機運が兆し始めた一九九二年、最初の職員が採用された。

　二年後、国後島と色丹島、歯舞群島を管轄する南クリル地区のニコライ・ポキージン地区長（当時）から根室市の大矢快治市長（当時）宛てに一通のテレックスが届いた。「私には質問があります。日本の漁業者は貝殻島方式での操業拡大を希望しているか、否かであります。もし希望しているとしたら、その水域、魚種、数量をお知らせください」と。ポキージン氏は、近くモスクワで漁業委員会議長や政府要人と会うことにしており、「明日中にもご返事をいただきたい」と急《せ》いていた。ロシア語を英字でタイピングしたテレックスの冒頭には「至急」とまで書かれていた。

　いわゆる「ポキージン提案」と呼ばれるもので、北方四島周辺水域での日露入り乱れての密漁や乱獲、越境操業に手を焼いた地区の最高責任者が、操業秩序の確立と地区行政府への収入確保を狙って、海峡を隔てて隣り合う根室市に提案したテレックスであった。

　ただちに翻訳され、市長は翌夕、「漁業者らと協議しなければならないので、もう少し待ってほしい」とテレックスで返答した。市もしたたかだった。即座に「待った」をかけたであろう外務省に相談の連絡を入れたのは、七日後のことである。

　これが後に、管轄権を棚上げにして北方領土の沿岸三海里以遠で日本漁船が操業する「枠組み協定」が結ばれるきっかけとなり、北方領土周辺水域安全操業が一九九八年に実現した。

異文化をつなげる「かけはし」

　異文化圏をつなげる役割がいかに重要であるか。「かけはし」の存在なくしては、「サンバ大会」も「安全操業」も実現はおぼつかなかったであろう。まさに「ただ交流をしているだけ」では惜しい話で、ここに、「隣とつながりたい」という気持ちが互いにありながら、容易にはつながり切れない「境界のジレンマ」がある。

　根室市にロシア語のできる正職員は現在四人いるが、いずれも専門職としての採用ではない。このため、ロシア語とは関係ない部署に異動を命じられ、腕をもて余している職員もいる。ほかにロシア語のできる嘱託職員一人も花咲港の根室インフォメーションセンターでロシア船員の窓口役として働く。台湾・花蓮市と姉妹都市提携を結びながら、中国語のできる職員を一人も確保できていない与那国町からみれば、おそらくため息をつきたくなるほどであろう。

日本人と北方領土に暮らすロシア人との間では、パスポートもビザも持たずに相互訪問する政府間の枠組み、いわゆる「ビザなし交流」が続いている。交流の初期、北海道庁は「文通の仲立ちをします」という趣旨の翻訳サービスを無料で行っていた。

たしかに、身振り手振りでなんとか互いの住所を交換しても、翻訳という困難な作業を経ないことには、交流のステップアップもままならない。英語でやりとりできればまだしも、日本人もロシア人も英語は外国語で、なんとも心許ない。一緒に撮った写真を焼き増し、ロシア語表記の宛名をコピーして封筒に貼り付けてはみたものの、「中に入れる手紙を書けずに出しそびれた」という声もよく聞いた。それだけに、翻訳サービスは画期的な取り組みであった。

ビザなし交流の目的は「北方領土問題の解決に寄与する相互理解の増進」とある。一度会ったきりの交流で終わらせるのではなく、おそらく人的交流を継続的なものへ、そして信頼関係の醸成へと「進化」させようという考えも多少はあったかもしれない。

後に聞いた話だが、「お世話になった日本人に渡してほしい」と託されたプレゼントには、多くの場合、特定個人に宛てた手紙も入っていた。それを通訳がボランティアで訳したのがはじまりだった。与那国町が頭を悩ませた「やぎさん ゆうびん」を避けるシステムが、最初から用意されていたといってもいい。

だが、この画期的なサービスは二年ほどで自然消滅してしまった。あくまで「サービス」であり、予算化された事業ではなかった。おまけに、筆記体で書かれている手紙が多く、翻訳するにも一手間だったらしい。さらに、ロシア語の手紙をいざ翻訳してみたら、日本政府が認めていない北方領土との「経済交流」の誘いだったりすることもあったという。

手強い「国家の壁」

ここに、「国家の壁」という第二の壁が立ちはだかる。実は、日本人は公式には北方領土と経済交流ができない。「公式には」と但し書きをつけたのは、法律にこそ明記されていないが、北方領土との経済交流を政府は認めていないからである。北方領土は「日本固有の領土」であり、外国として扱うわけにはいかない。ひとたび経済交流となれば、実効支配しているロシアの法律に基づいて取引しなければならないことが想定され、政府としては「わが邦としては相容《あいい》れない」となる。

ところが、日本の関税法第一〇八条は、北方領土を「当分の間、外国とみなす」という特殊な地域に規定している。このため、北方四島沿岸で漁獲されたカニやウニなどの水産物が「輸入品」として通関されてしまうという摩訶《まか》不思議な現象が起きる。日本政府が「御法度」としているはずの経済交流が、こともあろうに日本の法律に基づいて公然と行われているのである。

「輸入」は可能で、経済交流は不可だという。まさにダブルスタンダードで、日本人にだけ経済交流の「たが」がはめられている現実が浮かび上がる。

そもそも「人的交流」と「経済交流」の境はあいまいで、ガイドラインがどこに引かれているか甚だ不明瞭である。仮に人的交流の中で、ロシア人に車の部品の調達を頼まれたとする。日本人による経済交流は、建前としては御法度である。このため部品は、花咲港に寄港したロシア船の船員やビザなし交流で四島に戻るロシア人団員に託して運ばれたりする。在留資格をもつ市内在住ロシア人が取引を担うこともある。それがある種の「ビジネス」になっていることは疑いない。

根室市に暮らすロシア人の中には、北方領土・国後島出身のビジネスマンも何人かいる。彼らは、日露両方の言語を自由に操ることができるスキルを生かし、日本の就業ビザを取得し、双方の法律に抵触するかしないかぎりぎりの線で行われているアンダーグラウンドな「経済交流」の要として暗躍する。

中古車を「携行品」として持ち帰ることができた時代もあった。ソ連崩壊からしばらくの間、船員は戻りの船で中古車を運搬した。当時は五万円以下の中古車は「手荷物」扱いだった。そこで、中古車ディーラーに五万円以下の領収書を作成してもらい、日本の税関当局に納めるはずの関税を逃れて船に乗せたのである。売買に携わる誰もが確信犯で、偽の領収書が乱発された。「国をまたがってまで追跡して来ることはないだろう」と。「二万円で仕入れた中古車が二〇万円で売れた」などという話もよく聞いた。中古車の「輸出」はロシア側の度重なる関税引き上げまで続いた。

ビザなし交流では中古車を「手荷物品」として持ち帰ることができない、という暗黙のガイドラインがあった。だが、当の訪問団員が根室滞在時にキャッシュで購入した中古車が、カニ運搬船で国後島に運ばれたこともある。クルーザーやピアノ、カニかごや漁網などが通関されたこともある。

表の顔は船員で、裏に「担ぎ屋」の顔をもつロシア人はしたたかに儲けた。おそらくかなりの数の船員がこれに携わり、ささやかな「一攫千金《いっかくせんきん》」のビジネスを担っていた。

「壁」の隙間

境界地域に国家が絡むジレンマは、ほかにもある。国際電話は象徴的なケースであろう。かつて、交換手を通さなければ国際電話がかけられない時代があった。その当時、KDD（現在のKDDI）には外務省から「北方領土はわが国固有の領土なので、国際電話はつながないように」と申し入れがあった。「これは日本政府の意向に沿った措置であり、一九八九年外務省に問い合わせた際も、国際通信はできない、と口頭で回答があった」という。

「国後島古釜布の××番」「北方領土・択捉島クリリスクの××番」などと申し込むと、KDDの交換手は、「日本の領土なのでおつなぎできません」と言って接続を拒否し、NTTは「実効支配されているのでつながりません」と断った。

それで、どうしても通話しなければならないときは、門前払いされてしまわぬよう、「サハリン州ユジノクリリスクの××番」などと日本語地名を外してKDDに申し込んだという。ここにも境界地域でしたたかに生きる庶民の知恵がうかがえる。だが、北方領土のロシア地名を熟知している交換手に当たると、とたんに見破られてしまい、「うまく行って五分五分だった」とも聞く。

一九九〇年代半ばになって、ロシア極東でも国際電話の自動化が進み、交換手を経ずにつながるようになった。こうなると、日本外務省も手出しができない。国際電話が黙認されるようになって、かれこれ二〇年の歳月が流れた。それでも、北方領土に電話すらできなかった時代がほぼ半世紀続いた歴史は消えない。

さらに、近年は携帯電話の国際ローミングサービスによって、あえて接続されないような設定をしない限り、自動的に「つながってしまう時代」を迎えた。「日本固有の領土」といくら声高に叫んでも、「国際ローミング」されてしまう電波に、対抗する手立てはない。

与那国町もまた「国家の壁」に悩まされ続けている。与那国(渡難《どなん》)はかつて独立した島だったが、一六世紀に琉球王国に組み込まれた。明治政府は一八七九年、琉球王国を強権的に日本の領土に組み入れ(琉球処分)、西端に位置する与那国島は「日本最西端の島」になった。やがて日清戦争後の「台湾割譲」(一八九五年)によって、与那国島は「最西端」から外れた。さらに、第二次世界大戦で日本が敗れると、半世紀にわたって自由に往き来し、交易のパイプを太くしていた台湾と分断され、再び「どん詰まりの島」に戻った。

だが、境界地域に暮らす人々は、ここでもしたたかだった。台湾に最も近い与那国島は、台湾からの引き揚げ者の「密航ビジネス」や伝馬船でヤミ物資を運ぶ一大中継拠点となり、空前の景気にわいた。台湾からは米や砂糖、茶などが運ばれ、与那国島や沖縄からは薬きょう、真鍮、銅、鉛などの非鉄金属、銃器類、HBT(米軍服)などが運ばれた。

形の上では台湾と切り離されたが、なにしろ首都・東京から二〇〇〇キロ離れ、GHQ(連合国軍最高司令官総司令部)の進駐拠点の一つ・那覇からも五〇〇キロ離れている。ある意味で、誰からも忘れられた境界の島であればこそ、ヤミ貿易が行えたのである。与那国は、監視の目が届きづらいという辺境のメリットを最大限に生かし、物流の中継基地として栄えた。

うわさを聞きつけた一旗組も押し寄せ、人口は「戦後のピーク時には一万二〇〇〇人以上いた」と舛田さんの報告にある。現在の人口の八倍以上である。アンダーグラウンドな経済が黙認され、警察も含めた村(一九四七年に町政施行)ぐるみのヤミ交易で栄えた時代、いわゆる「景気時代」「復興貿易の時代」である。

やがて中継拠点は、宮古島や那覇、糸満、口之島にもでき、国境を超えた大密貿易のネットワークは香港から神戸まで広がった。だが、「復興貿易」のバブルは、わずか七年弱で終焉を迎えた。占領軍の知るところとなり、徹底的に摘発されたのである。

しかも台湾は、後に「国家」とさえ認められなくなった。中華人民共和国との国交を回復した一九七二年、日本は台湾と国交を断絶した。中国が台湾を「自国の領土の一部」と主張している以上、日本政府は台湾を独立国家として認めることはできない。与那国島にとっては、有史以前からずっと隣に存在し続ける台湾が、政治的な思惑によって、さらに遠ざかってしまったのである。

こうして見ると、与那国島と台湾は、戦争や境界をめぐるかけ引きの中で、つながったり切られたりを繰り返し、ほんろうされた歴史があぶり出されてくる。境界地域に暮らす人々は、「見えない壁」が動くたびに、それまで「ごく当たり前」だった暮らしやシステムを大きく変えざるを得ない運命にある。

そうした幾多の激変を生き延びるため、ボーダーに暮らす人々同士が知恵をしぼって「国家」に抵抗した歴史もある。山口県立大の安渓遊地教授の「隣り合う島々の交流の記憶――琉球弧の物々交換経済を中心に」によると、与那国島の東の端の岬では、税を取り立てに来る役人の来島を察知するため見張りを立て、石垣島から来る役人の船を見つけると、部落に早馬を走らせ、急を知らせたとある。村人は米や酒などの贅沢品を舟に積み込み、与那国島と台湾の中間にある共通の漁場に漕ぎ出て、助けを求める白い旗と緊急を知らせる赤い旗を掲げた。旗を見つけた台湾の舟は、いったん台湾に戻って食糧と炊事用具を積み込み、救援に駆けつけた。互いの舟をしばり合わせて安定させ、役人がいなくなるまで寝食を共にし、ことばは通じないながらそれぞれの島の歌と踊りで洋上宴会が続いた。それは、先島諸島に「人頭税」が科されていた一九〇三年ごろまで続いた（湯本貴和編『島と海と森の環境史』文一総合出版。二〇一一年、所収）。過酷な税を逃れるため、「見えない壁」の向こう側の人々と助け合う民衆のしたたかな知恵である。「政治的支配に抵抗した歴史」と言ってもいい。

ソ連軍に北方領土を奪われた根室市でも、似たような水面下の経済活動があった。日本の機密情報をソ連側に提供する見返りに、北方四島周辺でのカニなどの漁獲を黙認されていた「レポ船」、高速の船内機を小型船に搭載し、カニやエビ、ウニなどを密漁する「特攻船」も暗躍し、四半世紀前まで市経済をアンダーグラウンドな形で支えていた。

首都から遠く離れた辺境にあり、取り締まりも手薄であれば、「宝の海」に眠る水産資源を求め、漁業者が越境するのも不思議ではない。それで経済も余分に潤い、当然消費も増えるので、「自助努力だから」と黙認する市民が大半だった。こういうしたたかさは「島ぐるみ」でヤミ交易に関わっていた与那国島とよく似ている。

敗戦で与那国島が台湾から切り離されたのと同じように、国後島、色丹島、歯舞群島、択捉島の「母都市」だった根室は、ソ連軍侵攻を境に、流通と人の出入りの拠点から切り離された。そして、「古里の島にできるだけ近い所に」と居を定めた元島民と共に、新たな復興の道を歩み始めた。

「レポ船」や「特攻船」という特殊な操業形態だけでなく、北洋漁業での漁獲量オーバー、コンブや秋サケの横流しなど、ごく日常的な灰色の経済活動が営まれ、結果として市中経済を豊かなものにしていた。

安物のウイスキーのボトルが日本中のスナックの棚を埋めていた時代、根室市内ではブランデーのＶＳＯＰやＶＳＯが棚にずらりと並んでいた。大手の酒造会社の外交員がブランデーを水割りで飲むことをはやらせ、営業成績を飛躍的に伸ばしたといわれている。水で割っては香りが飛んでしまうブランデーをウイスキーのようにがぶがぶ飲ませる戦略だったのであろう。漁業で街がにぎわった時代は長く続き、邪道な飲み方は、いまも夜の街に受け継がれている。

もちろんそれは、北方領土の「母都市」として潤っていた時代と比べれば、全てを補うほどではないのかもしれない。だが、道内の他都市と比べれば、概して裕福だった。根室市公表の市民一人当たりの所得額は二〇〇八年で三五二万円。全国平均の二七六万円、北海道平均の二四一万円と比較して一〇〇万円前後も高かった。最も多かった二〇〇六年には、ほぼ四〇〇万円の所得があった。

「根室は北方領土が返って来ないから苦しい」という泣き言をよく耳にするが、逆に「北方領土が返って来ないことで、水面下で潤ってきた側面もある」ことを裏付ける数字である。

激しく変動する境界地域の経済

境界地域の経済は、バイオリズムのように上下に大きく変動するものなのかもしれない。隣接地域との関係が公式・非公式を問わず、それなりに成り立っている時期は、バブルにも似た好景気が続く。その後突然、凋落を迎える。戦争や紛争、国家間の歴史認識のズレや、国家による規制などの「くさび」が打ち込まれると、とたんに不景気に陥る。

逆に、何らかの理由で「見えない壁」の遮る力が緩むと、それまでどん底だった経済はたちまち回復して活況を呈する。好景気がどれくらい続くかは分からない。いずれ急降下する宿命を背負いながら、地域そのものがジェットコースターに乗り合わせた乗客のように、激しい上下動の運命共同体となる。

境界地域の多くは、そうした浮沈を繰り返して来た歴史をもつ。それは、対馬（長崎県）の歴史が如実に物語る。『魏志』倭人伝で対馬は、朝鮮半島に至る交通の要衝として記述され、遣隋使や遣唐使など大陸文化と人々を倭国に運ぶ中継地だった。白村江《はくすきえ》の戦い（六六三年）で険悪な関係となり、唐の侵攻に備えた「防人《さきもり》」が置かれた。七～八世紀の遣新羅使《けんしらぎし》で関係は改善されたものの、九世紀の新羅の入寇以来、度重なる入寇を受けて関係が悪化、一三世紀後半の元寇で冷え切った。一四世紀には倭寇が暗躍、海賊行為や密貿易の担い手となった。一方で、応永の外寇（一四一九年）以降、対馬が日朝交易を独占した。倭館の暴動（一五一〇年）でしばらく関係は冷えた。一六世紀末に豊臣秀吉の朝鮮征伐で国交が断絶したが、己酉約条《きゅうやくじょう》（一六〇九年）で交易が再開、江戸時代を通じて釜山貿易が続き、対馬藩の財政は潤った。

対馬ほどめまぐるしい起伏はないにしても、与那国町も根室市も、そこで暮らす人々の意思とは無関係に、経済の激しい上下変動にさらされる宿命にある。

ＣＩＱの壁

さて、仮に第一の壁（言葉の壁）、第二の壁（国家の壁）を乗り越えたとしよう。「第三の壁」として挙げられるのは、おそらく直行の交通手段とＣＩＱ（入管・税関・検疫）である。ロシア船や第三国船が水産物を運んで来る根室でさえ、ＣＩＱの拠点は一二〇キロ以上離れた釧路で、かつては職員が釧路から出張して対応していた。水産物を運んで来るロシア船やビザなし交流の手続きが頻度を増し、花咲港の合同庁舎にオフィスが設けられた。未だに出張で対応している機関もある。

根室市花咲港は、北方四島周辺の漁場に最も近い貿易港なので、水産物の多くは、鮮度を保持しつつ、運搬コストを最低限で済ますことのできる花咲港に運ばれる。かつてはカニの「輸入」も相次いだが、カニがほぼ枯渇してしまった現在、エゾバフンウニが大半を占める。

ロシア人は、そもそもウニを食べない。一九九〇年代の後半になって、全く利用価値のなかった活ウニに目をつけた人々がいた。大手の商社ではない。それはソ連崩壊前後にカニビジネスで先べんをつけた地元の商社であった。

活ウニは殻付きで運ばれるため、可食部分の重量が算定できず、関税も漁協の取扱手数料もかからない。二〇〇〇年にロシアがTAC（漁獲可能量）を設定するまでは、ロシア側の通関手続きも不要。まさに「濡れ手で粟」の未利用資源であった。

問題は、ウニの「輸出入」に携わる担い手の多くが、境界のはざまで暗躍する日露双方の水産マフィアであるという現実だ。通関関係の手続き書類の偽造、漁場と花咲港とをピストン輸送して国後島での通関手続き逃れとクオータのごまかし、洋上での積み替え……など、さまざまな脱法手段を駆使して最大限の利益を得ようとする。

そうして収益の大半を、日露の水産マフィアが独占するという構図が出来上がってしまった。取り締まりは「いたちごっこ」で、フィッシュ・マネーロンダリングの温床と化している。あおりを受けたのは、地元漁業者だった。「輸入」ウニの安値によって、それまで一折三〇〇〇円以上していた潜水ウニも、ときには半値で取引される。

ファベネック・ヤンさんの報告にある「第三国に船籍を置いた『便宜置籍船』」も、グレーな操業をカモフラージュするために生み出された錬金術の一つである。そもそも日本漁船は、「外国為替及び外国貿易法（外為法）」で漁場が競合する隣国には売却できないことになっている。つまり「わが国漁業の正常な秩序の維持に支障を生ずるおそれがある」という理由でロシアへの輸出はできない。

そこで、形式だけ「合法的な形」に仕立ててロシア側に売却するという、法律逃れ、あるいは法律すれすれのビジネスがうごめく。

相次ぐ減船や廃業で使い道のなくなった日本漁船は、行き場をなくしていた。ブローカーは考えた。まず漁船を二束三文で買い取る。そして漁具を取り外して「漁船もどき」の船に化けさせてロシアに輸出する。漁具は岸壁に放置しておく。しばらくして岸壁に放置された漁具を回収し、装着して「漁船」に戻す。売却された船は、船籍取得に税金のかからないカンボジアやベリーズなどの船籍を取得する。

こうしたからくりで元「日本漁船」が、船籍を変えて再び漁船としてよみがえり、北方四島周辺などで暗躍するようになった。ロシアの法律では、そもそも漁船と運搬船の区別さえない。いくつもの関係機関にまたがる日本のお役所仕事の隙を突いた実に単純な錬金術である。

こうした事例は、境界地域にビジネスチャンスの種がいかに転がっているかを物語る。冷戦の時代、相互主義が「壁」となって、ソ連人は根室市に立ち入ることすらできなかった。ゴルバチョフ大統領の訪日を前にした一九九一年、立入規制が緩和され、カニを満載した貨物船の寄港が可能になった。相互主義が見直されただけで、「見えない壁」に物流の穴が開いたのである。

やがてソ連邦が崩壊すると、水産物が堰《せき》を切ってなだれ込んできた。それまで社会主義経済で動いていた国が、そう簡単に資本主義経済へ移行できるはずもない。法体系が未整備な間隙を縫って、漁場と距離的に近い根室市花咲港へとピストン輸送が続いた。無尽蔵だった資源は、すでに枯渇しつつある。現在「輸入」の主体となっているウニも、いつ資源が枯渇するか分からない。そうした中、「もうけられるうちに稼いでおこう」という勝ち逃げの心理も働く。「持続可能な操業」のような考えは、フィッシュ・マネーロンダリングの担い手にはないのだろう。

舛田さんが与那国町で「ＡＫＢ48のマネージャー」のような存在としてもてはやされた話を先に触れたが、ビジネスという次の段階にステージアップする際は、双方の言葉を自由に操れるスキルを武器にすれば、場合によっては「グレーな産業の担い手」にもなりうる。それは、ボーダーにおける「ビジネスチャンスの鍵」でもあり、同時に「ボーダーの落とし穴」でもある。

落とし穴はまだある。ひとたび「グレーな産業」が幅を利かせてしまえば、それを正規な経済交流に移行させることは容易ではない。根室市や周辺自治体は、いまごろになって「経済交流」の実現を国に訴えるが、ファベネックさんの報告にもあるように、すでにウラジオストクやサハリン経由の物資が島々の市場経済に浸透してしまっており、期待するほどのメリットはなさそうである。

根室市はソ連崩壊後しばらくの間、国後島と色丹島の経済を「根室経済圏」に相当程度、組み込んでいた。市と根室商工会議所が「経済効果」を推計した二〇〇〇年、ロシア船の寄港に伴う経済波及効果は九三億八八〇〇万円で、根室市経済の約五％を占めていた。だが、その後の寄港数は激減し、現在のパイは当時と比べて、かなり縮小している。

与那国島には現在、ＣＩＱ機能がない。根室市花咲港もそうだが、それなりの物量や頻度がないと、出張所さえ置かれない。そういう「境界地域のジレンマ」は、九州や沖縄などの離島の各所でみられる。

舛田さんは、与那国町で港湾拡張工事に必要な大量の砂利を台湾から輸入した事例を挙げているが、トライアルとして墓石用の原石や麦飯石などが台湾から運ばれたこともある。だが、台湾にとっては、与那国という市場はあまりに小さく、いくら距離的に近くても貿易港にはなりづらい。

韓国との間に「見えない壁」が存在する対馬では、韓国・釜山との直行航路の開設、そして高速船会社の新規参入が相次ぎ、韓国からの観光客が大挙して押し寄せるようになったが、仮に与那国町と花蓮市とを結ぶ航路ができたとしても、同じような現象が起きるかどうかは甚だ疑問である。むしろ、二〇〇八年まで台湾の高雄や基隆を結んでいた航路の実績がある石垣港の方が、潜在的な可能性があり、せいぜい寄港地として整備できるかどうかである。石垣港は夏の間、台湾の港とを結ぶ香港のクルーズ船が就航しており、「ボーダー・ツーリズム（国境観光）」も始まっている。

相互理解の壁

実は、障壁はまだまだある。

「相互理解の壁」は、おそらく「第四の壁」に挙げられるだろう。対馬はいままさにこの問題に直面している。夜遅くまで大騒ぎで宴会したり、クーラーいっぱいに釣った魚を韓国に持ち帰って販売したり、包装紙を破って味見をしたりする韓国人観光客に対馬の人々は眉をひそめる。

北方四島では、ソ連軍が侵攻してきた際、日本人は「ソ連兵が土足で上がり込んで来た」と憤った。靴を脱いで部屋に入るという習慣をもたないソ連人には無理もないふるまいだったが、いま北方四島で暮らすロシア人家庭では、きちんと靴を脱いで部屋に入る。日本人の生活習慣が、三年近い日本人との混住によって、根付いた好例である。

ビザなし交流では、酒の飲み方に関しては、ようやく相互理解ができつつある。無理にウオツカを勧めないし、ロシア式に杯を干す飲み方の強要もしなくなった。それでも彼らは、ウオツカを飲める日本人に対しては「十年来の友」のように歓待し、飲めない人と比べ、信頼感も半端ではない。

対照的に、食習慣では相互理解に暗雲がたちこめる。ロシア島民は日本人を受け入れるときに、「これでもか」というほどのごちそうでもてなす。ところが、心を込めて作った料理を日本人は平気で残す。まるで手を付けずに残される皿も多い。

主婦にとって、これほど悲しいことはない。次の受け入れでは、日本人が前回ある程度食べてくれた料理にしぼったり、日本人の口に合いそうな味付けにアレンジするなど涙ぐましい努力をしている。それでも日本人は容赦なく残す。「口に合わない」と。

こうした「すれ違い」によって、ロシア島民の中には、すでに「日本人とは一緒に住めない」という諦めムードさえ漂う。これでは「相互理解」どころか「相互不理解」を重ねるための交流である。

ビザなし交流で、おそらく四島在住ロシア人が最も知りたいのは、「日本人と一緒に住んだら自分たちの暮らしはどうなるか」である。食事は、それを判断する極めて大事な「儀式」の一つであることは間違いない。

ご馳走を前にテーブルを囲み、時間を共有する毎に、「この人たちと将来、一緒に暮らせるかどうか」が試されている。それが、日本人にとっては「なんとか早く終わってほしい」と祈るような時間と化している。こうした現実は、放置すべきでない。

千島歯舞諸島居住者連盟の箭浪光雄《やなみみつお》理事長（故人）は、ビザなし交流が始まった一九九二年四月、初めての対話集会で「日本に返還されても、現島民のみなさんを追い出すことはしない。希望するなら、島の開発のため共に汗をかこうではありませんか」と呼びかけ、満場の拍手を得た。理事長の発言は、「島を追い出された自分たちのような苦しみを現住ロシア人に味わわせたくない」と、わが身の体験にオーバーラップさせての発言であった。

① 現住ロシア人を追い出さない

② 島の開発で共に汗をかく

これら短いメッセージの中に、領土問題という難しい問題をかかえる両国民と地域の将来像が極めて簡潔に語られている。

元島民を束ねる団体のトップの言である。非常に重い発言だったに違いない。「共に汗をかく将来」を実現するため、つまり将来の「混住」を視野に入れて今後も交流を深めて行こうという決意表明にも似た発言であった。それが、いつの間にか初志を忘れたマンネリの交流になり下がっているのは、憂慮すべき事態である。

文化や習慣が異なれば当然、相手の行動や言動が理解できないことが多々起きる。「良かれ」と思ってやったことが、相手の機嫌を損ねたり、逆に「当たり前」のことが、喜ばれたりもする。

では、どういう立ち居振る舞いが喜ばれるのか。がつがつと食べ、お代わりし、陽気にウオツカを酌み交わす。言葉は通じなくても、お互い不得意な英語やボディーランゲージで意思疎通できるような人物が求められる。

本気で「相互理解」を進め、北方領土問題の解決に資する交流にしたいのであれば、参加者の人選や交流に臨む参加者の姿勢に大きな課題があるのは火を見るよりも明らかである。

そうした中、「あなたとなら一緒に暮らしたい」と言われた元島民二世が根室市にいる。言葉が通じなくても身ぶり手ぶりで「会話」し、覚えたばかりのたどたどしいロシア語で語りかけ、積極的にダンスの輪に入り、時を共有する楽しさを顔や体で表現する彼女だからこそ、「あなたとなら」と言われたのである。

この言葉の裏には「日本人とは一緒に暮らせないなぁ」という言外の思いが潜む。二三年間で五二六回、延べ二万六一六人もが往来し、交流を重ねても、このように言われた日本人はそう多くないという事実が、混迷するビザなし交流を饒舌に物語る。

距離の壁、航路・航空路の壁

距離も重要な要素かもしれない。根室市に南クリル地区から国際姉妹都市提携の誘いがあったのは一九九三年のこと。だが、「日本固有の領土」である同地区の一部と国際姉妹都市提携ができるはずもなく、断った。そして少し前に申し入れのあった千島列島の北端に近いロシア・サハリン州のセベロクリリスク市と一九九四年一月、国際姉妹都市提携を結んだ。

本音で言えば、すぐ隣の北方領土とつながりたいが、それができない。「人的交流は奨励するが、経済交流はまかりならん」という、いわば、国が強いる「寸止め」状態を多少なりとも和らげる意味も含めた提携であった。

根室市とセベロクリリスク市は、直線距離で一一四四キロも離れている。航路はなく、空路も大きな迂回を強いられる。根室市などが一九九三年に経済調査団を派遣した際は、中標津空港から丘珠空港、函館空港へと乗り継ぎ、サハリン州のホムトヴォ空港経由でカムチャツカ州のエリゾボ空港に降り立ったものの、荒天でヘリコプターが四日間飛ばず、フェリーでセベロクリリスク港に向かった。往路だけで一〇日間を要した。帰路はヘリコプターでエリゾボ空港まで戻ったものの、ハバロフスク便が丸一日欠航し、ハバロフスク空港、新潟空港、上越新幹線、羽田空港、新千歳空港、中標津空港へと乗り継いで五日間を要したという。

やがて根室市が期待していた合弁事業での漁業のクオータ確保が地元の裁量ではできないと判明、最初の五年ほどは青少年などの交流が相互にあったが、児童の絵画のやりとりをした二〇〇三年以降、ほとんど「名のみの国際姉妹都市提携」と化している。

一方、天気の良い日には台湾の島影が見える与那国町の場合も航路はない。空路はあっても、「一〇〇キロそこそこの台湾へ渡るために五〇〇キロ以上も反対側へ移動しなければならない」と外田さんがため息をつくほど遠い。

新石垣空港が二〇一三年に開港し、台湾・桃園空港との間で週二便のフライトが実現したが、通年の運航はまだまだ難しいようだ。運航期間以外はもちろん、週二便の旅程と合わなければ、与那国空港からいったん台湾とは反対側の那覇空港まで飛んで、そこからUターンして台湾に向かう大迂回ルートを強いられる。二〇一四年に花蓮市で行われたサンバ大会に外間町長らが参加したときのように。

第三者のまなざし

根室市に派遣されたファベネックさんは、日本人の血が四分の一混ざっているとはいえ、フランス人である。いかにもヨーロッパ系の風貌から発せられる流暢な日本語は、境界問題をまじめに研究しようとする姿勢を感じさせる。しかもファベネックさんは、おそらく天性の資質なのだろうが、市民の輪に物怖じせず入って行けた。

タレントのベッキーさんもそうだが、日本人は、日本語をきちんと話せる外国人に好感を抱く傾向がある。特に西欧系の外国人の場合、小説家の小泉八雲（ラフカディオ・ハーン）や大相撲で活躍した高見山大五郎氏、東日本大震災後に日本国籍を取得した鬼怒鳴門（ドナルド・キーン）氏らに対する好感度をみればよく分かる。

根室市という日露の境界地域で、日本人でもロシア人でもないファベネックさんが好かれたのは、いまだに解決しない北方領土問題に対する市民の袋小路に似た気持ちの表れなのかもしれない。間もなく戦後七〇年を迎えようとしているのに、出口の光さえ見えない問題を解く鍵を「このフランス人がひょっとすると見つけてくれるのではないか」という期待感もあったように思う。行政としても、「異なる視点」からの切り口を求めていた。

それは、ほぼ七〇年間、具体的にはほとんど進展のみられなかったこれまでの領土交渉に対するある種の「あきらめ感」の表れともいえそうである。「政治家や外交官に任せていては一歩も動かない」ことを市民の多くが確信している。そこで、「第三者」の目をもつフランス人のファベネックさんにある種の期待を寄せた。

「新たな切り口」の提案は惜しくもなかったが、彼は北方四島に暮らすロシア島民の気持ちが日本から離れつつある背景を独自の視点で探り当てた。

ビザなし交流が始まった当初、花咲港に降り立った北方四島在住ロシア人は、移動するバスの中から見る市街地に目を見張った。延々と続く舗装道路には新車が行き交う。所狭しと商品が並ぶショッピングストア、ライフラインや電気製品などの完備した豊かな暮らし……。

対照的にソ連崩壊後の北方四島は、ショーウィンドウに品物はまばらで、道路は春先にはぬかるみ、夏には土ぼこりが巻き上がり、停電もしばしば起きるなどインフラ整備に天と地のような差があった。「おとぎの国」。根室市を訪れた色丹島の村長（故人）がそう表現していたことを私も覚えている。

北海道東方沖地震（一九九四年一〇月）の発生後、連邦政府やサハリン州より格段に早くストーブや食糧を持って救援に駆けつけた日本人、さらに、はしけやさん橋、友好の家、ディーゼル発電所などの人道支援で、ロシア島民は「遠くの親戚より近くの他人」に心が傾き始めた時期もあった。

だが、ビザなし交流が始まった二三年前に比べ、いまの根室市はすっかりさびれてしまった。ロシア語が堪能なファベネックさんは、ビザなし交流で根室市を訪れた四島ロシア住民との会話の中で、仮に日本に返還された場合、「驚異的に発展し続けるサハリン州から切り離された上、経済的・社会的に将来が不透明になっている根室に自分たちが依存するメリットなどない」という考えが広まっていることを知った。

確かに、市中心部は店舗の閉店が相次ぎ、シャッター街が年々拡大し、人口減が加速している。若者は高校を卒業すると同時に都会へ出て、戻って来ない。もちろん政府の地方切り捨てや自主財源の弱さなど多くの要因が重なり、さびれているのは、ひとり根室市だけではないのだが、四島在住ロシア人の目に映る根室のイメージは、明らかに四半世紀前に見た「おとぎの国」ではなくなってしまった。

それは数字からも裏付けられる。先に一人当たりの市民所得の高さについて触れたが、総務省が公表している「市町村税課税状況等の調」に基づく住民一人当たりの年間平均所得の最新のデータ（二〇一三年）で根室市は、二七六・六万円にとどまり、全国平均(三一七・四万円)を約五〇万円も下回った。裕福だった七年前(約四〇〇万円）とは雲泥の差である。ボーダーにつきもののアンダーグラウンドな経済が、日露の取り締まりや規制の強化などによって低迷、市中経済が落ち込んでいる現状がうかがえる。

ファベネックさんはこうも分析する。「『場合によっては日本への返還もありうる』としていた一九九〇年代とはまったく逆の様相が生まれつつある」と。すなわち、「北方領土の住民たちはサハリンの石油・天然ガス開発、漁業マネーによる発展ぶりを目の当たりにし、日本の隣接地域の現状と比較してしまう（中略）ロシア人島民は、もはやサハリン州のみをあてにし始めている」のだと。

実は、「根室市は貧しいままの方が良い」と位置づけていたのは、返還交渉を担う外務省であった。その理由がふるっていた。「北方領土返還運動を長続きさせるため」というのであった。己の外交能力のなさを棚に上げて、「(貧しくとも) 運動だけは続けてください」とでも言いたげに。

外務省の思惑通り、市街地はさびれた。そしてロシア島民の眼差しは、「近くの日本」ではなくなった。同胞の暮らす「少し離れたサハリン」に目移りしてしまったのである。

さらに彼は指摘する。「日本が島の主権を取り戻すことは、同時に現在のロシア住民を保護する責任を引き受けることになる。ところが、問題が解決した後の将来像についての論議は、ほとんど行われていない。返還後のことを真剣に考えないことは、ある種のリスクを意味する」と。

正論である。「北方領土問題の解決に寄与する相互理解の増進」を目的に掲げながら、何ら戦略も戦術ももたずに単純な人の往き来を繰り返し、本来であれば、交流を通じてきちんと探っておくべきであった「日本側が描く島の具体的な未来像と、将来における彼らの具体的役割」について満足に話し合ってこなかった。それを延べ六カ月しか滞在していない第三者のファベネックさんが見破っている。

彼はソ連解体後にロシア系の住民を引き受けながら、経済的・社会的に放置したエストニアの例を挙げ、「日本政府は、島に暮らすロシア島民の生活を放置したままにして、故郷であるロシア本土へ移住せざるを得ない状況をつくるのだろうと、考えている」と四島在住ロシア人の心情を代弁する。

「ロシア島民にとって、日本が言う『残っても良いです』という言葉は、具体性のない口約束に過ぎない」とまでファベネックさんは踏み込む。「島の開発のため共に汗をかこうではありませんか」と呼びかけた箭浪元理事長の発言は、その後の漫然とした交流の積み重ねによって、「口約束」と化してしまった、とでも言うかのように。

ファベネックさんの指摘する北方領土問題解決後の島の将来像と残留を希望するロシア人の役割を具体的に描いていく作業は、今後のビザなし交流に課された極めて大きな宿題といえよう。

さまざまなポテンシャル

一方でファベネックさんは、北方領土問題の解決ばかりにあくせくしている根室市のポテンシャルに言及する。地域おこしの潜在力は沢山あるのに、「どうしてこの地の魅力をもっと売り込まないのか」と。ひょっとすると市民がいちばん知らない「境界地域の魅力」を冷静な目で見つけた。

「長く北方領土の母都市であった根室は、戦後、北方領土がソ連に奪われ、生活の糧を失い、いまもそれが続いている」。お題目のようにそう唱える根室市に対し、特色ある地域として自立させる道を模索するべきではないか、と彼は母国・フランスの成功例を挙げて提案する。

解決に困難を極める「北方領土問題の解決」へのアプローチだけが、疲弊した根室市の現状を救う道である、と思い込んでしまっている市と市民に、「別のアプローチもある」と語りかけているのである。

たしかに近年、根室市は「北方領土問題が未解決なため、この街は疲弊している」という大義名分で、国や北海道に対して予算を求めてきた。まるでキャッシュ・ディスペンサー（現金自動支払機）のように。

北洋漁業が華やかなりしころの根室市は、このような泣き言を言わなかった。むしろ、「見えない壁」があるからこそ、国境や領海がはっきりしないあいまいさを最大限活用し、「豊饒の海」に体を張って出漁し、市経済を潤わせていた。「自助努力」といえば聞こえは良いが、要は密漁や区域外操業、漁獲量オーバーなどのアンダーグラウンドな経済によって、本来の実力以上に市経済は潤っていたのである。

共生の将来像

境界地域は、卵の殻のようなものである。卵からヒナがかえるとき、ヒナが卵の殻を内側からつつくのと呼応して親も外側からつつく。親がつつくタイミングが早ければ、早産で生まれてしまう恐れがあるし、遅ければ難産になりかねない。「見えない壁」という卵の殻は、早過ぎず遅過ぎずのタイミングで双方が共同作業で割らなくてはならない。

ソ連崩壊から一〇年ほどの間、国後島や色丹島など南クリル地区では食糧や燃料が滞り、生活物資の多くを根室から調達した時代があった。日本外務省から燃料をはじめ、はしけやディーゼル発電所の供与が相次いだ時代も確かにあった。「近くの他人」が最も近づいた時代である。

だが、ファベネックさんが指摘するように、すでに北方四島はサハリンや沿海地方などの経済圏にしっかり組み込まれ、彼らのまなざしもサハリンに向いてしまった。歴史に「もし」はあり得ないが、あの時代に、もしも「特区」などの形で経済交流が実現していたなら……と思うと残念極まりない。

境界地域は、ある意味で似たような悩みを抱える一方で、他の地域にはないばくち的な恩恵を受けるチャンスもある。だが、そうした恩恵が長く続くことはあまりなく、ある種の一時的な好景気に終わってしまうケースも多い。

では、バブルに終わらせないためにどうするか、である。先に述べた北方四島周辺水域の安全操業は、四年半の歳月を要しながらも実現した。最大のハードルは、違反操業に対する取り締まり権を日露どちらがもつかであったが、「違法操業はない」という性善説を前提に玉虫色の解決をした。それゆえ、ひとたび違反操業が発覚すれば、ガラスのように壊れてしまいかねないと、「ガラス細工」の操業にもたとえられた。

いかに壊れやすい取り組みであろうと、到底実現不可能な将来像であろうと、対岸の異文化の境界とこちらの境界とのギャップを埋める気持ちが双方にあれば、実現の可能性は皆無ではないことを示している。

ファベネックさんの滞在した期間は、北方領土問題を初めて扱ったアニメ映画「ジョバンニの島」が全国ロードショーされた時期とも重なった。アニメの主人公のモデルとなった得能《とくのう》宏さん（八一）

＝根室市在住＝がソ連人と一緒に暮らし、生身の人間の交流を経験したことが原点となり、感動的なアニメに仕上がっている。

その得能さんの故郷に対する思い入れは実に熱い。なにしろ得能さんの生家は国境警備隊の基地の中にあって、一般のロシア島民でさえ立ち入りのできない一帯にある。元島民の古里訪問の機会は三つあるが、北方領土墓参でも自由訪問でもビザなし訪問でも認められず、得能さんは訪れる度に「無念の涙」を流して根室に戻って来た。

だが、「生家を訪れる夢」を捨てなかった彼は、何年もかけて在住ロシア人と人間関係を作り、夢を訴え続け、不可能を可能にしたのである。長年にわたり訪問や受け入れを重ね、時間の許す限り根室港の岸壁でロシア人を出迎えた。それもこれも、色丹島に暮らすロシア人との親交を深めれば、「いつの日か生家に入れてくれるのではないか」と考えたからである。二〇一〇年には当時、地区議員だったイーゴリ・トマソンさん（四九）と「親子の契り」を結び、二〇一二年、ついに念願の生家の跡地に立った。

ロシア人は、その人が「信用できるか」「どんな人間であるか」を見抜こうとする。もちろん日本人だって人を見る。だが、ロシア人ほどではない。ロシア人は約束をきちんと履行する人を信用するし、いったん信用したら付き合い方を変えない。裏切ることもない。よほどのことがあっても。「会うたびに信用を積み重ねて行く民族」なのである。

色丹島でも上映され、ロシア人も、ほんの七〇年前、言葉は通じないながら、お互い助け合って暮らしていた過去を振り返った。改めて「こんな時代があった」と。

このアニメ映画には、「見えない壁」をはさんで境界地域に暮らす人々の「共生の将来像」が、ちりばめられているような気がする。

それでも、それぞれの政府が、境界地域に暮らす住民の将来をきちんと考えて外交交渉に臨んでいるかどうかは甚だ疑問である。ファベネックさんが主張するように、根室市と隣接地域は、外交交渉で決まるかもしれないある種の線引きとは別次元で境界地域の「魅力」を見いだし、互いの境界地域が将来も共生可能な形で生き残るための方策を真剣に考えるべきなのかもしれない。まず、潜在的な魅力に気づくこと。そして、北方領土問題の解決とは別に、堅実なまちづくりを進めていくことである。

二人の研究員の報告は、境界地域に似たような悩みを浮き彫りにすると同時に、それぞれの地域によって抱えている問題の時間軸が微妙にズレていることを物語る。たとえば、いま与那国町が悩んでいる問題が、根室市ではすでに過去に解決済みのものであったり、逆にこれから解決しなければならない困難な課題であったりもする。

非なるものである二つの報告をつなぎ、さらに境界地域の課題を浮き彫りにするような解説になれば、と考えて書き進めてきたが、両者の報告を「調理」するのは、正直手に余った。ドレッシングの容器を力いっぱいシェイクして混ぜたつもりが、混ぜた先から分離してしまうような無力感に襲われ、力のなさを実感している。

むしろ、対岸の異文化圏である韓国との交流が進んでいる長崎県対馬の現状と可能性を探った国境地域研究センターのブックレット・ボーダーズ№1『国境の島・対馬の観光を創る』と併せ読むことをお奨めしたい。おそらく最も苦労している境界地域の双璧である根室市と与那国町にとっては、こうした先進事例は、今後の課題と方向性を浮き彫りにする格好の教科書になるであろう。

（本間浩昭）

参考文献・関連サイト

＊書籍

岩下明裕編『日本の「国境問題」』（別冊『環』）藤原書店、二〇一二年

岩下明裕編『領土という病—国境ナショナリズムへの処方箋』北海道大学出版会、二〇一四年

岩下明裕・木山克彦編著『図説・ユーラシアと日本の国境—ボーダーミュージアム』北海道大学出版会、二〇一四年

大泰司紀之・本間浩昭『カラー版　知床・北方四島—流氷が育む自然遺産』岩波新書、二〇〇八年

本田良一『日ロ現場史・北方領土—終わらない戦後』北海道新聞社、二〇一三年

琉球新報・山陰中央新報『環りの海—竹島と尖閣：国境地域からの問い』岩波書店、二〇一五年

岩下明裕・花松泰倫編『国境の島・対馬の観光を創る』（ブックレット・ボーダーズ）北海道大学出版会、二〇一四年

山田吉彦『国境の人びと—再考・島国日本の肖像』新潮社、二〇一四年

A・ディーナー／J・ヘーガン（川久保文紀訳）『境界から世界を見る—ボーダースタディーズ入門』岩波書店、二〇一五年

小池康仁『琉球列島の「密貿易」と境界線』森話社、二〇一五年

＊映像資料

『国境を行く 根室　海峡に生きる』制作・風交舎　企画・国境地域研究センター、二〇一五年

『北方領土を望んで　根室の声』制作・風交舎　企画・北海道大学スラブ・ユーラシア研究センター境界研究ユニット（非売品）、二〇一五年

『知られざる南の国境　八重山・台湾』制作・HBCフレックス　企画・北海道大学グローバルCOEプログラム「境界研究の拠点形成」（非売品）、二〇一一年

『揺れる国境　沖縄・尖閣のいま』制作・HBCフレックス　企画・北海道大学グローバルCOEプログラム「境界研究の拠点形成」（非売品）、二〇一三年

『国境を行く 対馬　古代からの架け橋』制作・風交舎　企画・国境地域研究センター、二〇一四年

＊関連サイト

特定非営利活動法人・国境地域研究センター（JCBS）　http://borderlands.or.jp/

境界地域研究ネットワークJAPAN（JIBSN）　http://src-hokudai-ac.jp/jibsn/

北海道大学スラブ・ユーラシア研究センター　境界研究ユニット（UBRJ）　http://src-h.slav.hokudai.ac.jp/ubrj/

根室市　http://www.city.nemuro.hokkaido.jp/

与那国町　http://www.town.yonaguni.okinawa.jp/

執筆者一覧

舛田佳弘：日本文理大学准教授
北海道大学スラブ・ユーラシア研究センター共同研究員
専門は移行経済論、中国研究。

ファベネック・ヤン：北海道大学大学院文学研究科後期博士課程
専門は日露関係、地域研究。

岩下明裕：北海道大学スラブ・ユーラシア研究センター（境界研究ユニット）教授
境界地域研究学会（Association for Borderlands Studies）会長
専門はボーダースタディーズ（境界研究・国境学）。

本間浩昭：毎日新聞社北海道支社報道部根室・記者。

ブックレット・ボーダーズ　No.2
「見えない壁」に阻まれて
——根室と与那国でボーダーを考える

2015年7月10日　第1刷発行

著者　舛田佳弘
ファベネック・ヤン

発行者　薮野祐三

発行所　特定非営利活動法人 国境地域研究センター
〒460-0013　名古屋市中区上前津2丁目3番2号　第一木村ビル302号
tel 050-3736-6929　fax 052-308-6929
http://borderlands.or.jp/　info@borderlands.or.jp

発売所　北海道大学出版会
〒060-0809　札幌市北区北9条西8丁目北大構内
tel. 011-747-2308　fax. 011-736-8605
http://www.hup.gr.jp/

DTP 編集　笹谷めぐみ
装丁　風交舎
印刷　(株)アイワード

ISBN 978-4-8329-6813-4

日本の国境地域の「日常」と「未来」に光を当てる
DVDシリーズ第二弾リリース

国境《くにざかい》を行く 根室
—— 海峡に生きる

（収録時間33分）

■販売価格　会員 2,000 円　一般 2,500 円
■発売元　風交舎（TEL / FAX 011-882-4075）

好評発売中!

「国境《くにざかい》を行く 対馬
——古代からの架け橋」

※上映会などでご使用の場合は別途ご相談ください

国境地域研究センターへの入会ご案内

Japan Center For Borderlands Studies

JCBS

一人でも多くのみなさまが会員に加わっていただき、
私たちと一緒に国境地域の将来を創造してくださることを期待します。
会員の方には本NPOが組織するイベントへ招待し、
NPOの刊行物など成果のご案内を随時、お届けいたします。

年会費	個　人	団　体
正 会 員	5,000 円	20,000 円
賛助会員	3,000 円	10,000 円

特定非営利活動法人
国境地域研究センター

［事務局］名古屋市中区上前津２丁目３番２号
第一木村ビル302号　〒460-0013
Tel 050-3736-6929　Fax 052-308-6929
E-Mail: info@borderlands.or.jp

http://borderlands.or.jp/